星云法语

07

生活·讀書·新知 三联书店

人生的锦囊

真理

星云大师 著

图书在版编目(CIP)数据

人生的锦囊:真理/星云大师著. —北京:生活·读书·新知三联书店，2015.5

（星云法语）

ISBN 978 - 7 - 108 - 05224 - 7

Ⅰ.①人…　Ⅱ.①星…　Ⅲ.①佛教－人生哲学－通俗读物

Ⅳ.①B948 - 49

中国版本图书馆 CIP 数据核字(2015)第 020178 号

责任编辑　罗　康

封面设计　储　平

责任印制　卢　岳　张雅丽

出版发行　生活·讀書·新知 三联书店

　　　　　（北京市东城区美术馆东街 22 号）

邮　　编　100010

印　　刷　三河市嘉科万达彩色印刷有限公司

版　　次　2015 年 5 月北京第 1 版

　　　　　2015 年 5 月北京第 1 次印刷

开　　本　880 毫米×1230 毫米　1/32　印张　7.75

字　　数　166 千字

印　　数　00,001—12,000 册

定　　价　28.00 元

总序　十把钥匙

星云大师

《星云法语》是我在台湾电视公司、"中国电视公司"、"中华电视公司"三十年前的"三台时代"，为这三家电视台所录像的节目。后来在《人间福报》我继《迷悟之间》专栏之后，把当初在三家讲述的内容，再加以增补整理，也整整以三年的时间，在《人间福报》平面媒体与读者见面。

因为我经年累月云水行脚，在各地的佛光会弘法、讲说，断断续续撰写《星云法语》，偶有重复，已不复完全记忆。好在我的书记室弟子们，如满义、满观、妙广、妙有、如超等俄而提醒我，《人间福报》的存稿快要告罄了，由于我每天都能撰写十几则，因此，只要给我三五天的时间，我就可以再供应他们二三个月了。

像这类的短文，是我应大家的需要在各大报纸、杂志上刊登，以及我为徒弟编印的一些讲义，累积的总数，已不下两千万字了。《星云法语》，应该说是与《迷悟之间》、《人间万事》同一性质的短文，都因《人间福报》而撰写。承蒙读者鼓励，不少人希望结集成书，香海文化将这些文章收录编辑，文字也有百余万字，共有十集，分别为：一、精进；二、正信；三、广学；四、智慧；五、自觉；六、正见；

七、真理；八、禅心；九、利他；十、慈悲。

这套书在《人间福报》发表的时候，每篇以四点、六点，甚至八点阐述各种意见，便于记忆，也便于讲说，有学校取之作为教材。尤其我的弟子、学生在各处弘法，用它作为讲义，都说是得心应手。

承蒙民视电视台也曾经邀我再比照法语的体裁，为他们多次录像，并且要给我酬劳。其实，只要有关弘法度众，我都乐于结缘，所以与台湾的四家无线电视台都有因缘关系。而究竟《星云法语》有多大的影响力，就非我所敢闻问了。

承蒙知名学者李家同教授、洪兰教授、台中胡志强市长，以及善女人赵辜怀箴居士，为此套书写序，一并在此致谢。

是为序。

于佛光山开山寮

推荐序一　宗教情怀满人间

李家同

星云大师的最新著作《星云法语》十册套书，香海文化把部分的文稿寄给我，邀我为序。8月溽暑期间，我自身事务有些忙碌；但读着文稿里星云大师的话，却能感觉到欢喜清凉。

《星云法语》里面有一篇我很喜欢，其中写道："要有开阔包容的心胸、要有服务度生的悲愿、要有德学兼具的才华、要有涵养谦让的美德。"

多年来我从事教育工作，希望走出狭义的精英校园空间，真正帮忙各阶层弱势学生。看着莘莘学子，我想我和星云大师的想法很接近吧，就是教育一定要在每个角落中落实，要让最弱势的学生，能个个感受到不被忽略、不受到城乡资源差别待遇。

青年教育的目的，不就是教育工作者，希望能教养学生，成为气度恢弘的国民吗？

为勉励青年，星云大师写下"青年有强健的体魄，应该发心多做事，多学习，时时刻刻志在服务大众，念在普度众生，愿在普济社会"。

星云大师的话，让我想起《圣经》里的箴言：

"有了信心，又要加上德行；有了德行，又要加上知识；有了知识，又要加上节制；有了节制，又要加上忍耐；有了忍耐，又要加上虔敬；有了虔敬，又要加上爱弟兄的心；有了爱弟兄的心，又要加上爱众人的心。"(《圣经·彼得后书》)

宗教情怀，就是超越一切的普济精神。人间的苦难，如果宗教精神无以救济，那么信仰宗教毫无意义。不论是佛陀精神，或是基督精神，以慈爱的心处世，我想原则上没有什么不同。尤其是青年人，更应细细体会助人爱人的真谛，在未来起着社会中坚的作用。这样，我们现在办的教育，才真正能教养出"德学兼具"的青年，让良善能延续，社会上充满不汲汲于名利，助人爱人的和谐气氛。

香海文化出版的《星云法语》，收录了精彩法语共计1080篇，每一篇均意味深长，适合所有人用以省视自己，展望未来。"现代修行风"不分基督、佛陀，亲切的圣人教诲，相信普罗大众都很容易心领神会。

如今出版在即，特为之序。

（本文作者为台湾暨南大学教授）

推荐序二　安心与开心

洪　兰

在乱世，宗教是人心灵的慰藉，原有的社会制度瓦解了，一切都无法制、无规章，人民有冤无处伸，只有诉诸神明，归诸天意，以求得心理的平衡。所以在东晋南北朝时，宗教盛行，士大夫清谈，把希望寄托在另一个世界。历史证明那是不对的，这是一种逃避，它的结果是亡国。智者知道对现实的不满应该从改正不当措施做起，众志可以成城，人应该积极去面对生命而不是消极去寄望来生。星云大师就是一个积极入世的大师，他在海内外兴学，风尘仆仆到处弘法，用他的智慧来开导世人，他鼓励信徒从自身做起，莫以善小而不为，当每个人都变好时，这个社会自然就好了。这本书就是星云大师的话语集结成册，印出来嘉惠世人。

人在受挫折、有烦恼时，常自问：人生有什么意义，活着干什么？大师说，人生的意义在创造互惠共生的机会，这个世界有因你存在而与过去不同吗？科学家特别注重创造，就是因为创造是没有你就没有这个东西，没有莫扎特就没有莫扎特的音乐，没有毕加索就没有毕加索的画，创造比发现、发明的层次高了很多，人到这个世上就是要创造一个双赢的局面，不但为己，也要为人。英文谚语有一句：Success is when you add the value to yourself. Significance is when you add the value to others. 只有对别人也有利时，你的成功才是成功。所以大师说，生命在事业中，不在岁月上；在思想中，不在气息上；在感觉中，不在时间上；在内涵中，不在表相上。这是我所看到谈生命的意义最透彻的一句话。

挫折和灾难常被当作上天的惩罚，是命运的错误；其实挫折和灾难本来就是人生的一部分，不经过挫折我们不会珍惜平顺的日子，没有灾难不会珍惜生命。人是高级动物，是大自然中的一分子，不管怎么聪明、有智慧，还是必须遵行自然界的法则，所以有生必有死，完全没有例外。但是人常常参不透这个道理，历史上秦始皇、汉武帝这种雄才大略的人也看不到这点，所以为了求长生不老，倒行逆施，坏了国家的根基，反而是修身养性的读书人看穿了这点。宋代李清照说"今手泽如新，而墓木已拱……然有有必有无，有聚必有散，乃理之常。人亡弓，人得之，又胡足道"。看透这点，一个人的人生会不一样，既然带不走，就不必去收集，应该想办法去用有限的生命去作出无限的功业。

一个入世的宗教，它给予人希望，知道从自身做起，不去计较别人做了什么，只要去做，世界就会改变。最近有法师用整理回收物的方式带信徒修行，他不要信徒捐献金钱，但要他们捐献时间去回收站做义工，从行动中修行。我看了这个报道真是非常高兴，因为研究者发现动作会引发大脑中多巴胺（dopamine）这个神经传导物质的分泌，而多巴胺跟正向情绪有关，运动完的人心情都很好，一个跳舞的人即使在初跳时，脸是板着的，跳到最后脸一定是笑的。所以星云大师劝信徒，从动手实做中去修行是最有效的修行，对自己对社会都有益。

在本书中，大师说生活要求安心，心安才能体会人生的美妙，才听得到鸟语，闻得到花香，所以修行第一要做到心安，既然人是群居的动物，必须要和别人往来，因此大师教导我们做人的道理，列举了人生必备的 10 把钥匙，书的最后两册是要大家打开心胸，利他与慈悲，与一句英谚 You can give without loving, you can never love without giving 相呼应。不论古今中外，智者都看到施比受更有福。

希望这套书能在目前的社会中为大家浮躁的心灵注入一股清泉，人生只要心安，利人利己地过生活，在家出家都一样在积功德了。

（本文作者为台湾阳明大学神经科学研究所教授）

推荐序三　法钥匙神奇的佛

胡志强

星云大师，是我一直非常尊敬与佩服的长者。

长久以来，星云大师所领导主持的佛光山寺与国际佛光会，闻声救苦，无远弗届，为全球华人带来无尽的希望与爱。

大师的慈悲智慧与宗教情怀，让许多人在彷徨无依时，找到心灵的依归。另一方面，我觉得大师潇洒豁达、博学多闻，无论是或不是佛教徒，都能从他的思想与观念上，获得启迪。

星云大师近期出版的《星云法语》，收录了大师 1080 篇的法语，字字珠玑，篇篇隽永。

我很喜欢这套书以"现代佛法修行风"为诉求，结合佛法与现代人的生活，深入浅出地阐释。尤其富有创意的是，以十册"法语"打造了十把"佛法钥匙"，打开读者心灵的大门，带领我们从不一样的角度，去发现与体会生活中的点点滴滴。

以《旅游的意义》这篇文章为例：

"……就像到美国玩过，美国即在我心里；到过欧洲度假，欧洲也在我心里，游历的地区愈丰富，就愈能开阔我们的心灵视野。

当我们从事旅游活动时，除了得到身心的纾解，心情的愉悦之外，还要进一步获得宝贵的知识。除了外在的景点外，还可以增加一些内涵，作一趟历史文化探索之旅，看出文化的价值，看出历史的意义。

比方这个建筑是三千年前，它历经什么样的朝代，对这些历史文化能进一步赏析后，那我们的生命就跟它连接了。"

"我们的生命就跟它连接了"这句话，让我印象十分深刻，生动描述了"读万卷书，行万里路"，正是一种跨越时空的心灵宴飨。

在《快乐的生活》一文中，大师指点迷津。他说："名和利，得者怕失落，失者勤追求，真是心上一块石头，患得患失，耿耿于怀，生活怎么能自在？"

因此"身心要能健康，名利要能放下，是非要能明白，人我要能融和"。

在《欢喜满人间》这篇文章中，大师指出：人有很多心理的毛病，例如忧愁、悲苦、伤心、失意等。佛经形容人身难得如"盲龟浮木"，一个人在世间上一年一年地过去，如果活得不欢喜，没有意义，那又有什么意思？ 如何过得欢喜、过得有意义？

他提出几点建议："要本着欢喜心做事，要本着欢喜心做人，要本着欢喜心处境，要本着欢喜心用心，要本着欢喜心利世，要本着欢喜心修行。"

看到此处，我除了一边检视自己在日常生活中做到了多少？另一方面，也希望把"欢喜心"的观念告诉市府同仁，期许大家在服务市民时认真尽责之外，还能让民众体会到我们由衷而发的"欢喜心"。

而《传家之宝》一篇中所提到的观点，也让为人父母者心有戚戚焉。

大师说：一般父母，总想留下房屋田产、金银财富、奇珍宝物给子女，当作是传家之宝；但是也有人不留财物，而留书籍给予子女，或是著作"家法""庭训"，作为家风相传的依据。乃至禅门也有谓"衣钵相传"，以传衣钵，作为丛林师徒道风相传的象征。

他认为"传家之宝"有几种：包括宝物、道德、善念与信仰。到了现代，书香、善念、道德、信仰更可以代替钱财的传承，把宗教信仰传承给子弟，把善念道德传给儿孙，把教育知识传给后代。

"人不能没有信仰，没有信仰，心中就没有力量。信仰宗教，如天主教、基督教、佛教等，固然可以选择，但信仰也不一定指宗教而已，像政治上，你欢喜哪一个党、哪一个派、哪一种主义，这也是一种信仰；甚至在学校念书，选择哪一门功课，只要对它欢喜，这就是一种信仰。有信仰，就有力量，有信仰，就会投入。能选择一个好的宗教、好的信仰，有益身心，开发正确的观念，就可以传家。"

细细咀嚼之后，意味深长，心领神会。

星云大师一千多篇好文章，深刻而耐人寻味，我在此只能举出其中几个例子。很感谢大师慷慨分享他的智慧结晶，让芸芸众生也有幸获得他的"传家之宝"。

在繁忙的生活中，每天只要阅读几篇，顿时情绪稳定、思考清明、心灵澄静。有这样的好书为伴，真的"日日是好日"！

（本文作者为台中市市长）

推荐序四　人生的智慧和导航

赵辜怀箴

我一直感恩自己能有这个福报,多年来能跟随在大师的身边,学习做人和学习佛法。每一次留在大师身边的日子里,都可以接触到许多感动的心,和感动的事;每一次都会让我感觉到,这个世界真的是非常的可爱。

大师说:他的一生就是为了佛教。这么多年来,大师就这样循循地督促着自己,为此,马不停蹄地一直在和时间做竞跑。大师的一生,一向禀持着一个慈悲布施、以无为有的胸怀,做大的人,做大的事。如果想要问大师会不会和我们一样斤斤计较? 我想他唯一真正认真计较的事,就是,对每一天的每一分和每一秒吧!

在大师的一生里,大师从来不允许自己浪费任何一分一秒的时间;无论是在跑香、乘车、开会、会客或者进餐;大师永远都是人在动,心在想,手在做,眼观六路,耳听八方,把 1 分钟当 10 分钟用;在高效率中不失细腻,细腻中不失大局,大局中不失周全;周全里,充满了的是大师对每一个人无微不至的关怀和体贴。

大师自从出家以来,只要是为了弘法,大师从来不会顾及自己的健康和辛苦,数十年如一日,南奔北走,不辞辛劳地到处为信徒开示演讲；只要有多余的时间，大师就会争取用来执笔写稿；年轻时也曾经为了答应送一篇文稿给出版社，连夜乘坐火车，由南到北。大师从年轻时就非常重视文化事业，大师也坚信用文字来度众生的重要。大师一生一诺千金，独具宏观，不畏辛苦，忍辱负重，在佛教界树立了优良的榜样，对现代佛教文化事业得以如此的发达，具有相当肯定的影响力。到目前为止，大师出版的中英文书籍，已经不下数百本。

记得在 20 世纪 60 年代的时候，大师鉴于电视弘法不可忽视的力量，即刻决定要自己出资，到电视公司录制作晚上 8 点档的《星云法语》，使其成为台湾第一个在电视弘法的节目。我记得大师的《星云法语》是在每天晚间新闻之后立即播出，播出的时间是 5 分钟，节目的制作，既"精"又"简"。节目当中，配合着简单明了的字幕，听大师不急不缓地娓娓道来，让观众耳目一新，身心受益。

这个节目播出之后，立即受到广大观众的喜爱和回响。大师告诉我，在节目播出之后不久，由于收视率很好，电视公司自动愿意出资，替大师制作节目；大师从此不但有了收入，也因此多了一个电视名主持人的头衔。这个《星云法语》的电视节目，也就是今天所出版的《星云法语》的前身。

佛光山香海文化公司精心收录的《星云法语》即将出版。这一条佛法的清流，是多年来星云大师为了这个时代人心灵的需求，集思巧妙地运用生活的佛教方式，传授给我们无边的法宝。每一篇，每一个法语，星云大师都透过对细微生活之间的体认，融合了大师在佛法上精深的修行智慧。深入浅出地诠释，高明地把佛法当中的精要，很自然地交织在生活的细致之间，用生活的话，明白地说出现代佛法的修行风范，让读者有如沐浴在法语春风之中的感觉，很自然地呼吸着森林里散发出来的清香，在每一个心田里默默地深耕着。等待成长和收割的喜悦，沐浴着太阳和风，是指日可待的。

今承蒙香海文化公司的垂爱，赐我机会为《星云法语》套书做序，让我实在汗颜；几经推辞，又因香海文化公司的盛情难却，只有大胆承担，还请各位前辈、先学指正。我在此恭祝所有《星云法语》的读者，法喜充满。

（本文作者为国际佛光会世界总会理事）

目 录

卷四　人我之间

卷一 ｜ **人生的智慧**

智慧，是无形的财富，
有智慧的人，心胸包罗万有，
所以有智慧的人最富贵。

人生箴言

朋友的可贵，在于能够相互劝善规过，所谓"以苦口为良药，救自救他；以良言为针砭，利己利人"。做人很多时候需要善知识好友的提携、指导，如孟郊的《劝友诗》说："人生静躁殊，莫厌相箴规。"别人的忠言劝谏之外，能够从生活中深思生命的意义，进而自我惕厉、自我提升，更是圆满人生的最佳"箴言"。关于人生的箴言，有四点说明：

第一，人生以无常为警策

"盖世功名，无非大梦一场；惊人富贵，难逃无常二字"。无常是人生的实相，人有生老病死，这就是无常的显现。因为无常，所以时间会流逝；因为无常，所以人事会变异。因为无常，所以我们要警策自己把握时间、把握机缘、把握人生，千万不能放逸。能由"无常"悟出"缘起缘灭"的真理，必能精进。

第二，处事以尽心为有功

海豚尽力演出，才有人喝彩；做人凡事竭尽心力，才能内省不疚。在日常生活中，只要对人有益而无害的善事，都应尽心尽力去做，甚至不仅尽力而为，而且要多多益善。能够尽心尽力做好应做之事，就算有功，至于成功或失败，那已不是最重要的事了。

第三，遇险以不乱为定力

人遇到危险的时候，容易紧张慌乱，一紧张就容易出乱子，所以遭逢险难时要先把自己稳定下来，能够冷静沉着，才能应变，才能自救。已故哲学大师方东美先生，一次在游泳时险遭溺毙，后经他静心以对，将生死置之度外，反而死里求生。这就是儒家所说的"静而后能定，定而后能虑，虑而后能安"。所以遇险以不乱为定力。

第四，济物以慈悲为根本

慈悲是净化的爱，是无私而不求回报的奉献，以慈悲心布施，心中没有企图、没有贪念，完全以利人为本，所以有了慈悲，人间就有了光明与希望。甚至能以慈悲待物，则花草树木都会回报我们以繁茂青翠，昆虫飞鸟也会酬谢我们以悦耳鸣唱。慈悲所到之处，无往不利，以慈悲济物利人，这是做人的根本。

河水要有渠道才能流入大海，人生要有箴言才能走上正途。

人生的忧患

人生的前景，每一刻都充满了不可知的变数，处在忧患之中，只要退一步思量，则能自解，此乃处忧患之大法。人生的忧患有四点：

第一，子孙不患少，而患不才

过去农业时代，家家户户需要大量的人手帮忙下田，因此莫不希望家中人丁旺盛，而有所谓"多子多孙多福气"之说。其实子孙多，如果不能好好教育，长大后不成器，不如少养几个，好好培育，让他才德健全，不但光耀门楣，也不致危害社会，所以子孙不患少，而患不才。

第二，产业不患贫，而患难守

中国俗谚说："富贵不过三代"，这是因为许多富有人家，祖先辛苦创业，遗留给子孙丰富的财产，后代子孙因为不曾吃苦，不能体会来之不易，于是胡乱挥霍，结果三代积聚，一代花光，此即所谓"创业维艰，守成更难"。所以对于家财事业不怕少，怕只怕有了一点产业，不肖子孙不能守成。因此有人说，留给子孙万贯家财，不如让他一技在身。

第三，家道不患衰，而患无志

世间无常，凡事不可能一成不变，所以世道兴衰，有起有落，本是自然的循环。有的人家道中落，但是子孙争气，很快就能再度振兴。有的人事业兴隆，却养了一群纨绔子弟，难保有一天不被败光。所以家道时兴时衰，不足为患，怕的就是子孙没有志气，不能振兴家业，不能光宗耀祖，那就是家门不幸了。

第四，交友不患寡，而患从邪

俗语说："严师不如益友"，人从小就要亲近师友，学习礼仪。什么才是值得结交的好朋友呢？古人有谓"友直、友谅、友多闻"。朋友要知识广博，要为人耿直，要能相互体谅、相互规过。好的朋友不必多，只要能得一二知己，就不负平生了。怕的是朋友很多，却都是一些邪友、佞友、损友，日久则"近墨者黑"，难保不被带坏。所以朋友不怕少，只怕交到邪友，导致身败名裂，可不慎乎。

一个人要有忧患意识，才能事事顾全，要有生死观念，才不至于被生死所缚。能克服一层忧患，生命就多放一道光彩；能突破一层困难，生命就多一分价值。

光明的人生

千年暗室，因点亮油灯而顿生光明；内心昏暗，因忏悔发愿而重见光明。光明人人需要，日月星辰因为给了人间光明，因此为人所歌颂。人生的光明，要靠自己创造。如何创造光明的人生？有四点意见：

第一，做人要正正确确地思想

思想是现实之因，现实是思想之果；有因才有果，有思想才能开发智慧。做人可以有理想、有梦想，甚至可以有幻想，想金钱、想爱情，想做官、想为王，想这个、想那个。再多的想法都没有关系，但是重要的是要有思想，而且思想要正确，要正正当当地想、正正确确地想，否则因地不正，果招迂曲，思想不正确，行为自然就会偏差。

第二，做人要实实在在地做事

孙中山先生说："立志，是要做大事，不可要做大官"。其实不管当官、做事，甚至经商营利、做工赚钱，随便你做什么，重要的是实实在在地做，不要虚而不实，不要投机取巧，不要敷衍失职；一个浮而不实的人，永远不会受人重视。所以，不管做人做事，不要离开四个字："实实在在"，实实在在地做人，实实在在地做事，根本才会牢固。

第三，做人要愉愉快快地生活

愉快的生活，这是人生的基本要求，如果生活过得不快乐，人生所为何来？所以，我们要活下去，就要愉愉快快地生活。能够活得快乐，活得自在，活得尊严，活得平安，这就是生命的价值。

第四，做人要深深刻刻地学习

人生就是一连串永无止境的学习。做儿女的时候，要学习怎样把儿女做好；做父母的时候，也是要学习如何把父母做好。做人家的属下，要把属下的本分做好，甚至做了领导人，当上了长官，怎样把领导、长官的角色扮演好，也是要学习。不管哪一个阶段的学习，重要的是要深刻地用心学习，才能够学什么就像什么，做什么就像什么。

阳光、空气、水，这是人生三件宝。一个人如果能从自己的心里制造光明的见解、芬芳的思想、洁净的观念，生产阳光、空气、净水般的思想，踏实地做事，用心地学习，快乐地生活，必能拥有一个丰美而光明的人生。

快乐的人生

快乐处处求，快乐在哪里？快乐在金钱爱情里？快乐在青春貌美里？快乐在荣华富贵里？快乐在权势名位里？其实，生活中能够知足、明理、助人、行善，当下就是快乐的人生。有四点说明：

第一，生活知足，富贵随缘

在生活里，怎样才能得到欢喜、安然？满足非常重要。满足就是富贵，你不满足，即使家财万贯，只能称为是富贵的穷人；你很知足，哪怕是粗茶淡饭，也是精神丰实的富人。台湾的客家人，当他们吃过饭之后，你问他："吃饱了没有？"他说："我足了"，意思就是吃饱了。人懂得满足很重要，你不满足，即使餐餐都是山珍海味也没有用；现在我足了，我很满足，实在很欢喜、很快乐。所以生活里满足很重要，满足带来的欢喜快乐，比富贵更好。

第二，读书明理，名利由他

读书的目的，是为了变化气质，是为了通情达理，是为了学做圣贤事，是为了造福人群大众，读书不能没有正确的观念。有的人读书是为了出名，有的人是为了求利，甚至希望名利双收。万一既无名，也没有利，你就会觉得读书没有价值，所以，读书明理比名利重要。

第三，助人修德，报偿无关

做人"有才不足傲，有德才可贵"；有德者，是非不能扰其心，故为人要有品德，就如做事要有品质。如何修德？对人少一点侵犯，多一点爱护，则德日隆；以淡泊为师，自然可以养德；以恕己之心恕人，必然进德；有过能悔，然后就能增长福德；助成好事、知恩报恩，都是增品进德的最佳途径。此外，贫以无求为德，富以能施为德；能够助人修德而不求报偿，更能圆成自己的德行。

第四，行善为人，利害不计

行善是佛性的开发，是善美人性的显扬。做人要广结善缘，要乐善好施；行善结缘，我们的人生才会更宽阔，命运才会更平坦。所以，平时不管士农工商、政经文教等各行各业，都要抱着为大众、为社会、为国家、为人类服务的心，尽己所能地行善为人。只要有益于全民大众，一己的利害得失不值得计较；能有积德结缘的人生观，才是幸福的根源。

人生的价值，不能只用金钱来衡量；金钱以外，必定另有其意义与功德，例如欢喜快乐，就是其中之一。

镜里人生

以铜为镜，可以正衣冠；以人为镜，可以明得失。做人要经常揽镜自照，才能看清自己的仪容端庄与否；做人更要经常以别人为借镜，所谓"善可为法，恶可为戒"，别人的好坏，正可作为我们待人处事的模范与警诫。所以"镜里人生"，有四点说明：

第一，轻贱他人即是轻贱自己

人生，其实就是一面镜子，平时所做，镜子都会如实地反映出来，因此做人要时刻自我观照，才能看清自己的本来面目。例如你为人傲慢，平时眼高于顶，对人轻忽鄙视，看不起别人，当下就已显示自己的修养不足，见浅量窄；日子一久，别人也会同样的瞧不起你。所以，轻贱他人，就是自取其辱的开始。

第二，尊重他人即是尊重自己

人和人相处，最在乎的是人格要受到尊重。你平时待人，如果不懂得尊重别人，别人也不会尊重你。例如别人讲话的时候，你要尊重他，听他把话讲完；当别人发表意见的时候，你要尊重他，听他把意见说清楚。有的时候别人一句话还没有说完，你就打断他；有时候人家一件事还没有结论，你就批评他，这都是不尊重别人。

第三，体谅他人即是体谅自己

在很多时候，我们会很轻易地就去责备别人这个不好、那个不行。其实真正轮到自己，又如何呢？有一场棒球赛正进行得如火如荼，观众看得群情激昂。忽然观众席不断传来："换投手、换投手!"又过一会儿，"换打击手、换打击手!"甚至有人高喊："换裁判、换裁判!"最后终于有人说："换观众、换观众!"因为像这样的观众，一直没有体谅别人的心，是不够资格看球赛的。所以体谅别人就是体谅自己。

第四，成就他人即是成就自己

世间一切，都是因缘所成，缘是相互的关系，你助成我，我助成你。在循环不断的因缘关系中，如果一念为己，成就有限；一念为人，则能广结善缘。所以做人不能一味自私，只顾维护自己的利益。有时候我们帮助别人，别人就会帮助我们；我们服务别人，别人就会服务我们。所以成就他人就是成就自己。

别人就是自己的一面镜子。聪明的人可以从别人的错误中纠正自己的错误，智慧的人可以从别人的经验中丰富自己的经验。别人是我们的镜子，也是我们的龟鉴。

人生如行车

人活在世间上，所行所做要合于法律、规矩，就如同汽车行于道路上必须遵守交通规则，如此才能获得平安，所以说"人生如行车"，有五点比喻：

第一，不违规超车，人要守分

我们都知道，违规超车是很危险的，人如果不安分守己，就如超车般的危险；反之，如果人人都能守本分，就能遵守交通规则，也就不会有逾越的行为，如此道路必能保持顺畅，驾驶者也能平安地行驶。所以说守本分的人生，才能各安其位；守本分的人生，才能各尽其责；守本分的人生，必定是平安吉祥的人生。

第二，不冲斑马线，行要谦让

有的人开车行经斑马线时，对行人毫不礼让地加速直冲，这是不尊重别人与自己生命的行为。《中庸》云："君子笃恭而天下平。"如果人人能谦让，如此才能息争。战国时代赵国的宰相蔺相如，主动让路给扬言要羞辱他的大将廉颇，终于感动廉颇心生惭愧，于是"将相和合"，而使得有虎狼之心的秦国不敢犯赵。所以谦让的人生，必定是和睦安定的人生。

第三,不抢过道口,事要忍耐

我们常常看到有一些人,经过铁路道口时,为了要节省一点时间,总是争先恐后地强行穿越,因而发生不幸事件。俗语说"小不忍则乱大谋",一时的忍耐,可保百年之身,一时的忍耐,是积蓄力量之源。就如越王勾践,为了报仇雪耻,能忍一时之辱,终成大事。所以忍耐的人生,必定是成就大事的人生。

第四,不硬闯红灯,物要节制

有些人,经过交通信号灯时,看到红灯亮了,明知不可以通行,却要冒险硬闯过去;这就如一个人,明知五欲的危险,却又一再地沉溺其中,甘愿沦为物质的奴隶,而不能自拔。如果一再放纵而不加以节制,则必会导致堕落,以及精神的贫乏。俗云:"滴水能穿石。"如果懂得节制,不过分追求侥幸的人生,必定是安全喜乐的人生。

第五,不乱鸣喇叭,言要缄默

驾驶技术高超的人,是不乱鸣喇叭的,他能心平气和、快慢适度地掌握驾驶的速度与行车的距离,就如一个有德、有学、有修养的人,他在任何场合都能适宜地应对进退,甚至保持缄默,不随便发言,凡事三思而后言、三思而后行,因而能避免不必要的是非。所以缄默的人生,必是涵养达礼的人生。

人生的真相

常有人问："人，生从何处来？死往何处去？"当初佛陀舍弃世间荣华，出家修道，就是为了寻求生、老、病、死的人生真相。究竟人生的真相是什么呢？有四点：

第一，要知身体不坚，如梦如幻

《涅槃经》里将人的身体比喻为"水沫"，是形容人体的不坚固，如水沫般须臾易灭。人体是由地、水、火、风四大和合而成，从婴儿、童年、少年、青年、老年，每个时期都有着不同的变化，所以佛经亦将人体比喻如芭蕉树般脆弱。人如果四大不调则病痛生，四大离散则与世缘尽，因此身体是不坚，是如梦如幻的。

第二，要知生命不久，如泡如影

人生在世数十年，身体到了老病死的时候，生命在哪里？《普贤警众偈》云："是日已过，命亦随减。"过一天，生命就少一天，就算人生从 70 岁才开始，即使活到 120 岁的人生，还是离不开老病死的事实。曹操的《短歌行》中提到"人生几何，譬如朝露"，生命，就像朝露，太阳一出来，就蒸发了；生命如水泡，一吹就破了；生命如影子，一入暗地就没有了，所以生命不久，如泡如影。

第三，要知钱财不固，如露如电

俗语说："大厦千间，夜眠不过八尺；良田万顷，日食几何呢？"每个人都想要拥有钱财，而且从来不嫌多，但是，即使全世界银行的钱财都给你，你能用多少？《大智度论》也说：钱财是五家共有，盗贼会抢劫财物；贪污的官吏会贪污财物；水火、刀兵都会破坏我们的财富；连亲生的恶子，也会将家财败光。所以钱财是不牢固的，是如露如电的。

第四，要知功名不实，如霜如雪

世间上的人，总是汲汲于功名、富贵的营取。其实，荣华富贵、功名利禄是不实在的。你看，多少伟大的人物在高位时，每天往来的权贵门庭若市，一旦下了台，就门可罗雀，朋友就变得不再往来。所以，功名如霜如雪，太阳一出来，就没有了！

人生是无常、苦空、无我的，人唯有看清幻化不实的人生，才能求得一个不执着的真我。

人生的助缘

人生需要很多的助缘，因为人不能单独存在；一个人要仰赖社会大众提供很多的助缘，才能生存。比方说：父母的养育，师长的教导，社会大众的帮助，然后才能照着自己的理想来成功立业，所以人生要为自己寻求很多的助缘。"人生的助缘"有四点：

第一，逆境是磨炼意志的大洪炉

一个人的成功，需要很多的助缘。助缘不一定都是好的、顺的，有时候逆境也可以成为成功的助缘。例如，梅花愈冷愈芬芳，松柏愈冷愈青翠；破铜烂铁经过大冶洪炉，可以烧炼成钢。所以，人不要害怕不顺的逆境，愈是逆境，愈是磨炼我们意志的大冶洪炉。

第二，困苦是完成人格的增上缘

没有黑暗，哪里有光明？没有污秽，哪里有洁净？在人生的旅途上，大石挡路，有的人可能被它绊倒，有的人却可以把它当成登高望远的垫脚石。人的成功与失败，就看他是否能在困苦中完成人格；能把逆境、挫折化为"增上缘"的人，顺因缘固然可以助其成功，不顺的因缘也可以激发潜在的力量，成为励志向上的"逆增上缘"。

第三，信心是到达目标的原动力

人要有信心，有信心不怕路途遥远，有信心不怕事情艰难，必定可以到达目的地。信心就像能源，在漫漫的人生旅途上，有信心的人就像一部加满汽油的汽车，必能顺利跑完全程，所以每个人要建立信心，让信心的动力带领我们实现理想。

第四，理想是建设人生的指南针

人都有理想，有的人希望成圣成贤，有的人希望成佛作祖，有的人希望成功立业，有的人希望成为专家学者，有的人希望牺牲奉献。人，总要对自己的人生建立一分理想，理想可以成为我们建设人生的指南针；不管任何理想，总要对国家有利益、对社会有利益、对大众有利益，这才是善美的理想。

人生不如意事十之八九，但是艰难困苦可以打倒一个普通的人，却挫败不了一个有为的青年；一个人如果能把逆境、困苦、信心、理想，都成为自己人生的助缘，必能成功立业。

人生的现象

有人说，人生如戏；有人说，人生如梦；也有人说，人生如棋、如球、如战场、如浮萍、如逆旅等。不管把人生譬喻成什么，在现实的生活里，人生有苦有乐、有成有败、有得有失、有生有死，这都是自然的现象，说明如下：

第一，有苦有乐的人生是充实的

人生苦乐参半，因此在十法界里，人间最好修行。但是，有的人觉得人生很苦，感觉不到人生的意味；有的人光是快乐，没有经过苦的奋斗，他也体会不出人生的意义。所以，有苦有乐的人生才是充实的。

第二，有成有败的人生是合理的

有的人一生顺遂，从小到大，学业顺利、事业成功、爱情美满，无论做什么事情都很如意；有的人则是挫折连连、坎坷不断，创业失败、钱财散失、情人远离，事事都难顺己心。其实，不管成败，都有一定的因果关系，成有成的原因，败有败的理由，成败都是一时的。所以，不以一时的成败论英雄，也不要因一时的成功而志得意满，更不能为了一时的失败而灰心丧志；认清有成有败的人生是合理的，就能胜不骄、败不馁。

第三，有得有失的人生是公平的

得失之心，人皆有之。一般人莫不"得则欢喜，失则悲伤"；豁达一点的人，则以"得之我幸，不得我命"来面对得失。其实，不管消极悲观或积极乐观地看待得失，有得有失的人生是公平的；所谓"失之东隅，收之桑榆"，有时候"塞翁失马，焉知非福"，有时候"因小失大、乐极生悲"，所以得失并非绝对的。

第四，有生有死的人生是自然的

人，有生必然有死，生死是自然的因果循环。每个人生下来，就注定有一天必然会死；死了，也一定会有再生的一天，只是未来三涂六道、驴胎马腹，出生为何，就必须视个人的业力而定了。因为生和死是自然的现象，所以我们不必因为生而欢喜，也无须为死而悲哀；要能以自然的心情来看待生死，才能解脱自在。

说到人生的各种现象，不管苦乐、成败、得失、生死，乃至善恶、好坏、荣辱、有无，这都是人生的实相，但也都是一时的假相；因为人生无常，所以我们应该理性而有智慧地看待人生的各种现象。

认知人生

常有人问："人，生从何来？死往何去？"究竟人生的真相是什么？我们如何认知人生？有四点看法：

第一，要知身体不坚，如泡如影

希求长寿，这是古今中外，不管帝王将相、平民百姓一致的梦想。但是人的一期生命，因为肉身之体不能长久，所以古来多少帝王总在希求长生不死的梦碎之余抱憾而终。人的身体何以不能永久不坏？身体乃由地、水、火、风四大因缘和合而有，因此是无常的。我们的身体，从婴儿呱呱坠地，经过童年、少年、青年到老年，身体一天天都在变化，就如泡如影一般，是不坚固、不实在的，所以人生百年之后，"万般带不去，唯有业随身"，身体无法跟着我们走，唯有把握有生之年，借助此身，好好地修道、行善，这种善业功德才是永恒不失的。

第二，要知生命不久，如梦如幻

人的生命体是由五种元素所组成，佛教称为"五蕴"，也就是色、受、想、行、识。色蕴属生理，是父母所生的四大假合之身；受、想、行、识四蕴属心理，是触境所起的幻妄之心，相当于心理学上所说的感情、观念、意志、认识。何以说生命不久，如梦如幻？就物质方面来说，色蕴是四大假合而有，本无实性；就精神方面来说，受、想、行、识等四蕴都是对境而生。所对的色蕴既非实有，能对的四蕴自然也是假合之相；心物二法，当体皆空，所以有谓"五蕴非有"，这是佛教"无我观"的具体表现。

第三，要知钱财不固，如露如电

人在世间生存，不能没有物质生活，当然也就离不开金钱、财物。佛教并不排斥正当的拥有财富，但是主张人不要贪财，所谓"大厦千间，夜眠不过八尺；良田万顷，日食几何？"钱财够用就好。尤其拥有金钱，不如善用金钱，因为佛教讲，财富是五家共有：盗贼会抢劫、贪官污吏会贪污、水火刀兵会破坏、不肖子孙会败家，所以钱财不固，如露如电；唯有善用智慧，才是永恒的财富。

第四，要知功名不实，如霜如雪

功名富贵是世人所希求，古人十年寒窗苦读，就是希望有朝一日能建功成名，获得荣华富贵。然而功名是不实在的，历史上多少功勋彪炳的显赫人物，虽然功在庙堂，风光一时，但是"薪火相交，纵性不停"，一个不小心，很容易就"朝为座上客，暮为阶下囚"，正所谓"荣华总是三更梦，富贵还同九月霜"，功名之不实在，正如霜雪一般，太阳出来，它就消逝无踪了！人生的真相是无常、苦空、无我，我们唯有去除不真的人生，才能求得一个超脱的、自在的真我。

人生（一）

《庄子·知北游》云："人生天地之间，若白驹之过隙，忽然而已"。每个人的人生，都有过去、现在、未来，乃至当下的时间。一般人对人生的把握，愚痴的人追悔过去，好高骛远的人幻想未来，本分踏实的人觉得现在最重要，智慧的人则懂得把握当下。从每个人的人生观不同，也可以反映人生的面面观。关于"人生"有四点看法：

第一，人生最系念者是过去

人，都有怀旧的习性，大都喜欢回忆过去，所谓"白头宫女话当年"，过去好像总比现在美丽。但是，过去的终究已经"时过境迁"，就算夕阳无限好，也只是近黄昏。因此，英雄不提当年勇，人不能沉溺在过去的回忆里；一个人如果总是系念过去，就表示他已经衰老、落伍了，他已经没有现在，甚至没有未来。

第二，人生最希望者是未来

人生最美好的事，就是活在希望里，有希望才有未来。希望在哪里？一般人总把希望寄托在未来，凡是现在没有办法完成的理想，总是期待未来会实现。然而人生不能只是凭空希望未来，而不去奋斗、努力、向上，如此再好的理想也会变成幻想；幻想未来，毕竟不切实际，所以我们把希望寄托在未来的同时，更应该要奋斗、要奋发、要向上。

第三，人生最轻忽者是现在

一般人都有一个共同的毛病，就是轻忽现实，对现在不重视；若不是幻想未来，就是回忆过去，对于"现在"往往在不经意间一分一秒地浪费。假如一个有为的人，他对于现在必定很重视、很落实，他知道过去的不必再去回忆，未来的也不一定要去妄求，只要把握现在，努力做好应该做的事，乃至说出应该说的话、处好应该相处的人，这才重要。

第四，人生最踏实者是当下

我们的时间，总是有过去、现在、未来。过去的已经远离、现在的瞬间将成为过去，未来的遥不可及，唯有当下的人生最踏实，所以禅宗常常教诫学人要照顾脚下，要把握当下。当下的一承担，当下的一发心，所产生的力量无与伦比，因此把握当下的一念，这是非常重要的。

我们对过去、现在、未来的人生，重要的是对过去不要执着，对现在不要留恋，对未来更不要幻想；所谓人生，把握当下，尽职尽份而已！

人生（二）

《佛光菜根谭》说："每一个人都是自我生命的艺术家，可以彩绘自己的人生世界；每一个人都是自我生命的工程师，可以塑造自我的美好形象"。人的一生中，往往随着因缘际会改变而有所改变。每个阶段，我们要用什么心态去面对自己的人生？去塑造自我的生命？有以下四点：

第一，世界是人生战场

有人说，美国是儿童的天堂、青年的战场、老年的坟场。严格说来，其实这整个世界都是我们的战场。因为人从出生，就有不断的境界、不同的事物，等着我们去面对、克服。世界就在我们自己心中，我们不妨把世界当作人生的战场，所谓"擒山中贼易，掳心中贼难"，面对种种事物、种种境界，想打胜仗，唯有通过修行，运用正知正见、挥发慈悲善良，才能去除烦恼、战胜邪恶。

第二，社会是人生的学堂

古人有谓："活到老，学不了。"高希均教授曾说："人生的终点，不是死亡，而是与好书绝缘的那一刻；人生的起点，不是诞生，而是与好书结缘的那一刻。"人生该学的，并不只是在学校而已，我们不妨把社会当作人生的学堂，效法《华严经》中善财童子五十三参，在社会大学里，在各个阶层中，向不同的人学习。在这所社会大学中，要学些什么？学习慈悲、学习礼貌、学习技术、学习仁义、学习见识等等。虽然没有校长老师，也没有校舍教室；只要肯用心，阅读就是哑老师，人我就是善知识，处世就是大学堂。

第三，佛法是人生的妙方

人一生中，除了外在的功名、事业、财富外，充实自己的内在涵养、提升自我的精神层次，也是一项重要的生命课题。世间的学习，只是知识性的获得，出世间的佛法，则是提升心灵的一帖妙方。佛法涵盖层面广大，凡是"佛说的、人要的、净化的、善美的"都是佛法；有佛法，感受到的，都是善人共聚的快乐；有佛法，看待一切，就有办法处理多变人生。

第四，信仰是人生的宝藏

人生中最重要的就是信仰。信仰如星光照路，如巨宅安稳；信仰如大船引渡，如善友相伴。有了信仰，就有力量，相信自己"我能"，我能达到目标、我能做好人、我能自我突破。有了信仰，在人生旅途上，会引领我们开发内心的宝藏，会带领我们行走安全可靠的方向。

人生，也像是一出诡谲多变的戏码；也许你不知道，下一步的人生场景会换到什么地方，但在场景变换之际，如何不受变化影响，保持一颗安定的心，就必须要靠自我不断地学习，以正面积极的态度，去对待人生、了解人生、体认人生，这是我们可以做得到的。

人生诸难

　　佛经讲"人身难得，佛法难闻，中国难生"，当中并以"得人身如爪上泥，失人身如大地土"来形容生而为人的不易。另外，《法华经》有一个"盲龟浮木"的譬喻，提到大海里有一只盲龟，每百年才浮出水面一次，大海上有一块木头，上面有一个洞。得人身的机会，就如盲龟的头要钻进木头的孔一样难得；得人身之不容易，由此可见。人身不仅难得，生而为人还有诸多难事，在佛经举出的"人生诸难"中，列出四点说明如下：

　　第一，贫穷布施难

　　人的穷通祸福，各有因缘。佛经说，一个人所以贫穷，是前世悭吝不舍之故；反之，富有的人，则是因为欢喜布施的果报。贫穷之人，衣食无着，要他布施，的确不易。但是布施不一定只有捐献金钱、物质，才叫布施。有时给人一个笑容、一句好话、一个举手之劳，都是很好的布施；甚至心存祝福，乃至技术、知识、佛法的传授，更是无上的布施。布施如播种，有播种才有收成；懂得佛法，则布施其实不难。

　　第二，困厄持戒难

　　人在危险的时候，例如，面临毒蛇噬咬、老虎伤害、坏人追杀之际，要他持戒，要他不杀生，确实很难。甚至对一个三餐不继的贫穷之人，食物当前，却要他先确定东西是否为无主之物才能食用，也非易事。不过，如果是一个有慈悲心的人，例如佛陀因地修行时，为了护生而"舍身饲虎、割肉喂鹰"，如此具有保护生命之慈悲心的人，要他持戒，也非难事。

第三，豪贵忍辱难

豪门之家，有钱、有势、有地位，平常受尽别人的奉承，偶尔受辱、有了委屈，要他容忍、接受，自然不容易。但是，如果豪贵之人有佛法，要他忍辱也不难，因为忍辱是福、忍辱是力量、忍辱是修养、忍辱是担当、忍辱是智慧。所以，有佛法，世界上就没有不能容忍之辱。

第四，安适精进难

人在安逸舒适的环境中，容易心生懈怠，不懂上进；有时经过一些苦难的磨炼，反而能激发斗志。所以，佛经讲"苦"是"增上缘"，学佛首先要认清人生是苦的实相，才能精进向道；过分享受、安适，很难生起向道之心。

人生虽然有诸多的磨难障碍，但是只要我们有修道的坚定意志与信心，再大的困难都能克服。

人生的锦囊

在武侠小说里，徒弟学成想要下山行侠救世，师父不放心，总会交给他一个锦囊，以便临危应用；《三国演义》中，诸葛亮指挥大军出征，也会授予将领锦囊妙计，以便出奇制胜。锦囊里装的是计策，是智慧；人生的旅途，也要有智慧，要有锦囊秘籍，才能安全地走上前程。"人生的锦囊"是什么呢？有四点意见：

第一，修身须忘功名

修身是人生第一要务，如果我们要修养自己的道德、人格，要把官场的功名看淡。虽然儒家主张人要"立功、立德、立言"，要建立人生三不朽事业；但是建功立业是要做出有益于国家社会，有利于人民大众的伟大事业，而不是为了一己的名利而追逐。所以，一个人的道德修养愈高，功名富贵、权势地位于他如浮云，如此道德威望愈高，愈能受人尊敬。

第二，做人当存素心

做人成功是人生最大的成功，做人最重要的是保有一颗清净的心、朴实的心、淡泊的心。所谓"人到无求品自高"，人能清心寡欲，以淡泊无求的素心处世，则能不受威胁利诱，继而养成"富贵不能淫、贫贱不能移"的高尚人格。如此，尽管有人形容社会如大染缸，自己依然能如莲花般出淤泥而不染，活出自己的人生。

第三，交友应带侠气

人不能没有朋友，与朋友交往要带一点侠义之气，虽然不一定要做到为朋友"两肋插刀"、"毁家纾难"，至少能偶尔吃一点亏，让朋友多得一些利益，或是多担当一些责任，都不要太介意。如果对朋友过于斤斤计较，一直在利益、得失上计较、争执，必然交不到知心的好友。

第四，读书要具深心

做人要明理，因此不能不读书以求取学问、知识。所谓"知书达理"，读书可以增加智慧，可以改变气质，可以提升自己。读书不只是学生的事，也不是只有在学校里才能读书；人的一生，所谓"活到老，学到老"，时时刻刻都要读书、学习。但是，读书最重要的，不能"不求甚解"，所以要有深心，才能把书读好。

人都有父母眷属、师长同学等亲朋好友，但是在利益当前、生死攸关的时候，人往往是很孤单的，必须要靠自己独力面对、处理，所以平时在人生的锦囊里，多搜集一些励志格言、多积蓄一些福德因缘、多培养一些好的观念、方法，要紧的时候拿出来应急，是很管用的。

人生的历练

人，不经一事，不长一智。人生的智慧，除了从书本上获取知识以外，社会的历练、生活的体验，更是不可少。"人生的历练"有六点看法：

第一，经一分挫折，长一分见识

人生的旅途，难免会有遇到挫折的时候，有的人遇到一次挫折打击，从此一蹶不振，有的人却能化为增上缘。所谓"上一次当，学一次乖"，遇到挫折，反能增长见识，因此有作为的人，总是愈挫愈勇。

第二，容一分横逆，增一分器度

人生不如意事，十之八九；生活中，总会遇到一些不顺心的人、不如意的事。遇到横逆、不顺，如果你有心量、能力多包容一分横逆，就能增加一分器度，自然多一分成功的机会。

第三，省一分计较，多一分道义

人生的烦恼，大多由比较、计较而来。我们与人相处，有时候为了一点小事，斤斤计较，甚至不顾道义，损人利己。假如我们待人能多一分厚道，少用一分心机，不计较、不比较，就能增多一分道义。

第四,学一分退让,讨一分便宜

人生不是一直前进就是赢,有时候退后一步想,更能海阔天空。所以,与人相处时,在金钱、名位、权势、利益之前让他一步,有时候不是牺牲、不是损失;退让一步,可能反而得到很大的便宜。

第五,增一分浪费,减一分福泽

奢侈是人为的贫穷。一个人的福报多少,都是自己平日培植而来;人不但要培福,还要惜福。有时候我们在日常的生活用度上,过分享受、浪费,到最后自己的福泽就像银行里的存款,愈用愈少。所以,增一分浪费,减一分福泽;不懂得惜福的人,就不会有福报。

第六,多一分体贴,知一分人情

人之相交,贵在知心。如何结交知心之友? 就是要能将心比心,对人要有体贴、体谅之心。我们对人、对事能多一分体贴、多一分关怀,就会对人情、世故多一分认识。

人生的历练,不是全靠父母能给予,也不是依赖老师能传授,更不是金钱能买得,或是书本能提供;人生的历练要靠自己在日常生活中,不管做人处事时,把握每一个顺逆因缘,用心去体会、思维、包容、付出,才能有所得。

健全的人生观

每个人面对人生的态度不一样，对人生的看法、诠释，也各有所见，甚至各人追求的理想、目标，也不尽相同，这就是各自的人生观不同。尽管每个人对人生的态度、看法、所求不一，但重要的是要有健全的人生观，如此才会有健全的人生。什么是"健全的人生观"？有四点看法：

第一，以欢愉的心情取代忧愁

人的情绪如潮水起伏，难免有低潮的时候，尤其当遇到挫折、委屈、失意的事情，更是忧愁、烦恼不堪。忧愁烦恼袭上心头，怎么办？自己要有自觉、要有力量去转换，要营造欢愉的心情来取代忧愁，至少不要把忧愁带到床上，不要让今日的忧愁延续到明天，尤其不可以把自己的忧愁感染给别人。能够时时保有欢愉的心情，才是一种健康的人生态度。

第二，以奋斗的意志取代颓丧

人生像一场马拉松赛跑，有耐力与斗志的人，才能抵达终点。因为人生长跑的过程中，意志薄弱的人，难免因路途崎岖、风雨侵袭、世情浇薄，甚至自己体能欠佳而灰心丧气，乃至倒地不起。所以，人不能颓废丧气，尽管漫漫的人生路途坎坷，我们要始终坚定信念，要鼓舞斗志，积极进取，奋发向上，纵有路障挡路，也要勇敢跨越，千万不可停歇、懈怠，否则输掉的不只是荣誉，而是自己的一生。

第三，以勤劳的习惯取代懒惰

人生的前途，要靠自己创造，每个人天生的才智虽然有优劣不等，但是上天却平等地赋予每个人一项有利的创业资本，那就是勤劳。勤劳是天然的财富，一个人只要肯勤奋努力，就有致富的机会，至少三餐温饱不成问题。反之，一个人如果好吃懒做，即使家有金矿、银矿，终有坐吃山空的时候。所以，做人要养成勤劳的习惯，这是生存的基本条件。

第四，以正确的信仰取代迷思

人，有生必然有死，生死是最自然不过的事，但是一般人总对生死感到迷惑不解，甚至对人生感到惶惑不安。然而，也正因为人有生死问题，所以多数人都很自然地会去信仰宗教，希望从宗教的教义，寻求解答、寄托，这是人之常情。不过，信仰宗教最重要的，必须是正信的宗教，其所宣扬的教义必须合乎真理，在此前提之下，能以信仰取代迷思，这是最有智慧的人生。

健全人生观的建立，不但关乎自己的一生，同时对家庭、社会、国家也会造成极大的影响。毕竟，有健全的个人，才有健全的家庭；有健全的家庭，才有健全的国家社会。所以，如何建立"健全的人生观"，不可等闲视之。

人生的当下

人生数十寒暑，即使能活到百年，成为百岁人瑞，也如大海一沤，转眼即逝。因此，我们在有生之年，应该把握每个"人生的当下"，好好利用每个因缘，努力开创自己的潜能、充实自己的内涵，活出亮丽灿烂的人生，才能不负此生。如何把握"人生的当下"？有四点意见：

第一，每一个时间都是黎明

"一日之计在于晨"，古人黎明即起，洒扫庭除，展开一日的生活，并以此作为教育儿女的最好庭训。清晨时间，经过了一夜的养息，不但精神饱满，而且心中如朗朗晴空，是一天当中最好冲刺的时候。如果我们能把握人生的每个黎明，甚至把一天当中的任何时刻，不管中午、晚间，都能有黎明的心情与精神去面对一切，必能有一番大作为。

第二，每一个挑战都是机会

人的一生，每个阶段都充满了各种挑战，必须一一突破。包括抗拒财色名食睡的诱惑、克服困难挫折的逆境、走出世情浇薄的感伤，乃至对自我极限、对大自然环境的挑战等。每一个挑战，都应视为激励自己奋发向上的机会；一个人如果经不起磨难，不能接受困境的挑战，就像美丽的花朵生长在温室里，没有经过风霜雨雪的淬炼，就无法长成参天立地的大树。所以，人生要在挑战中，才能成长！

第三，每一个逆境都是考验

动物界里，蝴蝶必须经过蛹的挣扎，才能破茧而出；春蚕必须吐丝作茧，等待蛹破才能羽化为蛾。植物当中，秋菊要经过寒霜的洗炼，才能显出它的娇美；寒梅要经过冬雪的侵袭，才能散发它的芬芳。我们生命的成长，也要靠许多逆境来磨炼。所谓逆境，诸如失学、失业、失恋、贫困、冤枉、委屈，乃至被朋友出卖、钱财散失等等。当逆境来临的时候，正可以考验我们的实力有多少。一个人如果经不起逆境的考验，注定是会失败；唯有愈挫愈勇、屡败屡战的人，才能成功。

第四，每一个善行都是创造

商场上曾经流行一句口号"创造双赢"。其实，人与人之间，只要有利益冲突，只要有人我对立，就很难双赢；世间唯一的"双赢"，就是行善。善行不但利人，而且利己，只要你发心做一件善事，在利益别人的同时，也为自己积德培福、广结善缘。所以，每一个善行，都是在为自己的未来创造有利的条件，我们千万不能放弃任何行善的机会。

人生如白驹过隙，所谓"朝如青云暮成雪"，我们在有限的人生岁月里，一定要好好把握每个当下，以免徒留遗憾。

人生的智慧

人，虽有智愚、贤不肖，但是"愚者千虑，必有一得"，因此每一个人都有聪明智慧。但是，有些人的聪明才智不清净，是一种投机取巧的小聪明，这种人往往"聪明反被聪明误"，因此心地不正的人，有智慧反不如愚拙一些来得好。人真正的智慧，是正知正见，是清净的佛心，这才是我们应该具备的智慧。"人生的智慧"有四点说明：

第一，出淤泥而不染

孟子讲"人之初，性本善"，佛教讲"人人皆有佛性"。然而因为人在世间生活，难免受到权势名位、声色利欲、人我是非等尘埃的染污，因此蒙蔽了善美的本性而愚痴无明；唯有做一朵浊世的莲花，尽管世间污浊不堪，自己却能出淤泥而不染，才能保有真如佛性，才是真智慧。

第二，入豪贵而不骄

人生起落无常，有的人一时得志，身居高位，他就骄奢、蛮横，不顾舆论批评，一味地任性非为，因此树敌无数；但是有朝一日，一旦势倾力颓，失去权势的庇荫，紧接着而来的，必然是要面对公理正义的审判，甚至难逃法律的制裁，这就是愚笨的人。真正有智慧的人，懂得"势不可使尽"的道理，所以即使处在人生的巅峰，权倾一时，他也绝不骄纵自己，反而低调处事，小心谨慎地为自己预留后路，这才是智者。

第三，明机巧而不用

人有智慧，做事机智灵巧、进退有据，这种人走到那里，必然受人重用。但是聪明伶俐的人，做事尽管明快果敢、洞烛机先，受人赞赏；如果在做人方面，也是处处表现精明干练，甚至玩弄手段，往往有失厚道。所以，一个人再怎么聪明能干，当在处人之际，有时候不妨"难得糊涂"；懂得"明机巧而不用"的人，这种蕴藉的智慧，有时反而更加令人激赏。

第四，达百事而不俗

语云："读书不达世事是迂儒"。一个真正有智慧、有聪明的人，不会读死书，也不会死读书；他会洞彻世事，明晓世情，凡有所做，必然观照全局。而且在不违人情事理，且又不媚俗讨好的前提下，务必做得让大家皆大欢喜。这种"和而不流，流而不俗"的处世智慧，就是一种人生历练后的圆融智慧。

人的聪明智慧，如同一塘池水，必须澄澈清明，才能供人饮用；人有清净的智慧，正如虚空不受污染，自能利益万物。所以，清净的智慧，于人于己都很重要。

圆满的人生

人，都有缺陷，都不够圆满，所以人生才有奋斗的空间。虽然有人说："残缺也是美"，但是上弦月、下弦月，总是没有十五的满月来得明亮美丽，所以人还是要不断地追求圆满。那么，怎样才有圆满的人生呢？有四点意见：

第一，有信仰的人最高尚

常听一些人豪气干云地说："我才不要信仰什么宗教呢！"也有人说："心好就好，何必一定要信仰宗教？"其实，宗教如光明，人不能没有光明；宗教如水，人不能缺水而生存；宗教如艺术，人在生活中离不开美感。信仰宗教是发乎自然、出乎本性的精神力。宗教就是真理，代表真、善、美，他指导我们成就自己，完成自己、圆满自己。所以，有宗教信仰的人最圆满、最高尚。

第二，有道德的人最喜乐

一般人追求欢喜快乐，都是从外在的物质享受去追求声色的感官之娱，例如看电影、听音乐，到餐馆吃大餐等。这种感官的快乐是一时的，如王羲之的《兰亭集序》说："当其欣于所遇，暂得于己，快然自足，不知老之将至。及其所之既倦，情随事迁，感慨系之矣。"世间无常，把快乐寄托于外在的人事物，难免会有"坏苦"与"行苦"；唯有自己修养道德，对人慈悲，从关怀他人中去感受付出的快乐，这种自我性灵的提升与充实，才能得到真实的喜乐。

第三，有修行的人最安心

每个人都懂得建设一个家，以安顿色身，但是很少人想到，我们的心也需要一个安居的处所，因此现在的人大都"不安心"。现代人每天用心在五欲尘劳上面，当然不能安心；用心在人我是非之上，自然扰攘不安；用心在金钱、爱情、财富、名位上，这些都是不实在的东西，又怎么能安心呢？那么，我们的心究竟"云何应住"呢？

《华严经》说："常乐柔和忍辱法，安住慈悲喜舍中。"当你懂得"柔和忍辱"、拥有"慈悲喜舍"，那么你就找到身心的安住之处了，这才是我们永远的故乡！所以，有修行的人最安心。

第四，有智慧的人最富贵

人生世间，不能不工作赚钱；要工作，才能赚取所需。有的人用劳力赚钱，有的人用时间计薪；有的人出卖身体谋求生活，有的人靠语言赚钱营生。其实，最聪明的做法，是用智慧来赚钱。我们看社会上，有的人一天劳力所得只值几百元；有的人一个智慧的计策，可能价值几十万元、几百万元；智慧的价值，不言而喻。《金刚经》更说，三千大千世界的七宝，其价值比不过一句智慧的偈语；因为财宝有用罄的时候，智慧的偈语则是生生世世受用无穷。智慧，是无形的财富，有智慧的人，心胸包罗万象，所以，有智慧的人最富贵。

圆满的人生，不是靠成大功、立大业，或是做大官、赚大钱就能实现，而是要靠自己有信仰、有道德、有修行、有智慧，才能慢慢完成。

人生的看法

　　佛经里，用"一水四见"来说明对于同一种境界，由于见者的心识不同，所抱持的观点也随之大异其趣。人生也是一样，往往因为各人不同的角度与立场，而有不同的看待与理解。

　　人生究竟像什么？有人说，是一杯不堪入喉的苦酒，也有人则说是一樽芬芳醉人的香槟；有人说，人生是一盏清淡解渴的清水，甚至说人生是一啜沁凉入心的甘露。人生的看法究竟是什么？

第一，悲观者说人生是一杯苦酒

　　悲观的人，总有多种想法否定人生，或者失败挫折而灰心绝望，或者比上不足而遗憾愁闷。因此经常慨叹人生像一杯苦酒。佛教里说"苦"，无论是三苦、八苦，大致不离我与人，不能和谐；我与物，不能满足；我与身，不能适意；我与心，不能安定，林林总总，逼迫我们的身心状态，令人烦恼不已。如何"度一切苦厄"，喝下这一杯苦酒而不觉得苦，那才是真正懂得人生。

第二，乐观者说人生是一杯香槟

　　西洋人习惯在喜庆时，用香槟酒来款待宾客，因此有人以香槟来形容乐观、欢喜、洒脱的人生。乐观者，内怀比下有余而庆幸；乐观者面对生命困境，展现坚强韧性、乐观进取，充满希望的活力；乐观者对于生命态度，流露开朗喜悦、奉献付出，拥有快乐的人生。

第三，中道者说人生是一杯清水

对生命态度抱持不苦不乐看法的人，认为人生就像是一杯清水。虽然平淡无味，但当你口渴难以忍耐时，它就是生命的活水，让你得到滋润；当你尝遍酸甜苦辣，它就是最好的饮料，给你得到舒缓。同样的，太苦的人生显得冷冰冰，过乐的人生则是热烘烘；所以，中道者认为，人生最好像一杯清水，淡淡中却有恒常的滋味。

第四，护世者说人生是一杯甘露

甘露，可以增长生命；甘露，可以滋养慧命。护世的人，认为人生像一杯甘露，他会将经验作为经营生命的钱粮，他会将烦恼转为开启生命的潜力。做一件好事，发挥智慧的能量，利益大众；说一句好话，润泽枯涸的心灵，重获新生；护世的人，爱惜人生，护世的人，尊重人生，无论高低起伏，永远美好璀璨。

懂得经营自己人生的人，不会给自己借口，逃避生命的顺境或逆境。人生的道路上，你要选择哪一种生活态度面对？是苦？是乐？是中道？是护世？钥匙就掌握在你的手中，别人永远无法替你决定。

人生的根本

树有根本，才能长得高；水有根源，才能流得长；人生的路上也要有根本，才能立身安稳，走得长远。人要以什么为"本"呢？有六点意见：

第一，处众要以和平为本

国家和国家要和平往来，人与人之间也要和平相处。我们看历史上多少的纷争战乱，带给人民多少苦难；多少钩心斗角，引起多少悲剧牺牲。世间上，再也没有比和平更重要了。你看，一般人形容琴瑟要"和"才能鸣，"和"气才能生财；在佛门里有"六和敬"作为行事准则，在课诵时也唱出"端为世界祈和平"的祈愿。因此，我们处众时，能以和为贵，以平为本，就可以减少许多无谓的纷扰和烦恼。

第二，养生要以欢喜为本

现代人强调"养生之道"，其实真正的"养生"，也不只是追求身体的健康长寿而已，更重要的是内心要拥有快乐、要拥有欢喜。一个人纵使家财万贯、活得高寿，不欢喜，活得再久、再长也没有意思；夫妻生活在一起，不欢喜，也是貌合神离，痛苦不堪。因此，只有欢喜最好。心中欢喜，就会心甘情愿；心中欢喜，就会健康自在。

第三，立身要以信义为本

情义是人与人往复循环，互相交流的感情。所以《佛光菜根谭》有谓："与人交，要有情有义；为人谋，要有忠有信。"当我们听到关公的名字，心中就会浮起"义薄云天"的形象；反之，一提到秦桧，你就会觉得这个人"背义忘本"。因此，信义实在是我们立身处世的根本；无信无义，则难以生存在这天地之间。

第四，居家要以早起为本

古人以早起为生活之要，例如农人早起耕作，妇女早起晨妆，修行人晨起早课，即使是动物也说"早起的鸟儿有虫吃"。可是现在生活在都市里的人，却都喜欢晚睡晚起，这是很可惜的，不但有碍健康，并且荒废事业。早起的好处很多，你能早起1分钟，就比别人多出1分钟可以运用的时间；你能晨起活动筋骨，则这一天必然精神百倍。

谚语有云："沃枝叶，不如培根本。"用心在工作上，是成功的根本；用心在思考上，是力量的根本；用心在阅读上，是智慧的根本；用心在慈悲上，是做人的根本。

人生之最

每一个人在一生之中，不管他是贫富贵贱，都拥有很多宝贵的东西，有名利的人，认为权势是他最好的财富；富有的人，认为金银财宝是他最骄傲的本钱。世间上有形的物质，带给我们的只有短暂满足，如果想要享有幸福、成功的人生，提供以下四点看法：

第一，人生最美的财富是欢喜

世界上有的人用金银财宝来炫耀他的财富，有的人用名利地位来显示他的权贵，佛陀告诉我们，金银财宝五家共有，有用尽的时候，名利权位时有更替，没有永久的时候。唯有"欢喜"是人生最美的财富，有"欢喜心"，心中便没有仇恨，有"欢喜心"可以令人喜欢接近，有"欢喜心"工作变得积极有自信。

第二，人生最贵的行为是结缘

世界上有的人富可敌国，但是却没有人缘，到处被人嫌弃；有的人贫无立锥之地，反而到处受人欢迎，这都是要看他平常是否与人"结缘"。佛陀开示我们："未成佛道，先结人缘。""缘"不是佛教的专有名词，缘，是宇宙人生的真理，且是属于每一个人的。所以世间上最宝贵的，并非黄金白玉，也非汽车洋房，最可贵的是"缘分"。人与人要结好缘才能和好；人与事要结善缘才能成功；人与社会乃至事事物物更要结缘才能圆满功德。

第三，人生最大的力量是忍耐

忍耐是什么？是经历严冬苦寒的梅花，是受尽千锤万击的利剑，是大丈夫能屈能伸之"屈"，是面对困境的暂时休战。真正的忍耐不是弱者的行为，乃是强者的自制，"心字头上一把刀"，忍耐亦需要坚强。俗话说："小不忍则乱大谋。"不能忍耐的人无法成大事。人生需要忍耐：当自处逆境的时候，需要忍耐；当山穷水尽疑无路的时候，我们更需要忍耐，因为忍耐，所以才有柳暗花明又一村。举凡成大事者，必能忍常人之所不能忍，如越王勾践，他为了能报仇雪恨，竟然肯做夫差的马夫，卧薪尝胆，终成大事。

第四，人生最佳的动能是愿心

飞机、汽车、机车及一般的机械，要靠引擎才能启动；电灯、电视机要靠电力才能使用；而人生最佳的动能，便是"愿心"，因为发心立愿，心中就有朝着目标前进的力量；唐朝玄奘大师西天取经，立下"宁向西天一步死，不愿东土一步生"的志愿，才能顺利完成取经的伟大使命。所以"愿心"是我们人生成功前进的最佳动能。

人生掌握在自己的手上，要让自己的一生获得成功，必须以欢喜的心去广结善缘，以最大的忍耐的力量去突破难关，发心发愿贯彻始终。

人生的津梁

　　人生好比一条曲曲折折的道路，一路行来，有时风光明媚，有时崎岖惊险。我们经常把横阻在眼前的山、水，比喻为人生的困境；其实，就是攀上人生的巅峰后，也需要峰回路转，才能再开拓新的天地，否则，一味地自满、自傲，只会爬得越高，摔得越重。所以，成功、胜利，其实与失败一样，都是行到人生的路口，让人反思：该如何面对、再超越。列举四点意见如下：

第一，居高而谦逊，人不嫉其高

　　高官厚禄是一般人所向往的，因此，当我们有机缘跃居上位时，更要谦恭厚道，和婉待人。如果自恃位高权重，目无下尘，甚至自我膨胀，处处皆要他人听令于我，那么，虽贵在高位，由于丧失人心的爱戴，必然不能长久。其实，居高位的领导者，若能本着为人服务的精神，与人为善，久而久之，人人感受到你的诚恳，自然欢喜拥护，就不会有人嫉妒你了。

第二，立功而辞谢，人不厌其功

　　立下汗马功劳，原是一件值得嘉许的好事，但如果只知道抬高自己，忽略众多因缘的成就，或为显示自己的清高，而不把他人的表扬、赞美看在眼里，都不免引起别人的反感。从深处思考，世间诸多事情的成就，皆不是凭个人之力完成，所以，不因受奖而觉得自己增加了什么，也不用矫情掩饰。能以平常心，将荣耀归于大众，功成不居，那么，你有再多的功劳，别人也都会为你欢喜。

第三，胜人而无骄，人不评其胜

有一句话说"赢了棋，就不要再赢话"。无论比赛或评鉴什么，获胜的时候，只要你一点骄慢都没有，人家就不会批评你胜得不对、胜得不当。如果沉不住气，过于炫耀，锋芒太露，所谓树大招风，难免不引起别人的评论。要知道，成败得失都是一时的，一次的胜利，不代表永远的成功，反之亦然。因此，胜不必骄傲，败不必气馁，要保持这样的心境才好。

第四，受赏而知恩，人不夺其好

一个才华横溢的人，受到主管赏识之余，随之而来的好的待遇、好的福利，也比同侪多。如果忘记了父母师长的栽培、朋友的帮助，只贪图个人享受，别人对于你的所得，必然有诸多的臆测和不认同。所以，常怀知恩、感谢的心，将大众放在心里，将利益分享给大众，自然的，大众也会以你为荣。

人生的奇妙在于，有时要直驱向前，有时要委曲婉转。例如遇到挫折的时候，要奋起；富贵荣华的时候，要知道隐晦。向前有向前的世界，但爬到人生最高点，转身，也有一片向后的世界。山重水复，人生路何其宽广，就怕不肯转身，走进了死胡同里。

佛法与人生

提到佛教，总有人以为是迷信。其实，佛教是正信的宗教；佛法更与人间生活密不可分。佛陀是佛教的教主，他说："若佛出世，若未出世，此法常住……"佛法不是由他创造，而是本来就存在于天地间；具有普遍性、必然性、永恒性、超越性、可证性。所以，认识佛法，就是认识人生的真理，可以圆满我们的人生。从什么地方能看出佛法与人生的关系呢？列举四点说明：

第一，有布施的地方就有慈悲

有一则寓言故事：在地狱，吃饭的筷子有三尺长，大家你争我夺，饥饿不堪；在天堂，筷子同样是三尺长，不过，大家互相夹给对方吃，和乐融融。佛法教导布施，布施是分享，将自己的微笑和欢喜散播人间；布施是怜悯，看见众生痛苦、贫乏，不惜施舍财富；布施也是成就，大家出钱出力，共成善事，利益大众。只要有布施的地方，人间就有慈悲温暖。

第二，有禅定的地方就有般若

我们每天都必须面对复杂的人事问题，以及各种境界的考验，内心如果没有自主的定力，容易心随境迁，就不能明审是非；反之，心有定境，才能观照问题，以清明的理路思考，妥善处理。曾国藩曾云："心若不静，省身则不密，见理则不明。"《六祖坛经》云："定是慧体，慧是定用。"唯有培养心中的禅定，在动荡的人世间，才能生出"以不变应万变"的般若智慧。

第三，有持戒的地方就有道德

佛法强调持戒，特别是最基本的五戒：不杀、盗、淫、妄、酒（不吸毒）。很多人以为戒是束缚，其实，持戒是全民自由。我们看芬兰、丹麦、新加坡等低犯罪率的国家，他们的人民多守持五戒；我们再到监狱去看，被囚禁的人都是犯了五戒。法律原是为了维护社会的道德，但是，真正的道德要发自我们内心，只有人人守持五戒，不侵犯他人，社会才有真正的道德。

第四，有佛心的地方就有幸福

什么是佛心呢？心中的慈悲、平等、智慧、谦卑、明理等，诸多美好的特质，都是佛心的体现。我们这一颗心千变万化，忽而上天、忽而下地。被贪、嗔、痴烦恼覆盖时，生活就失去平衡；一念转境，寻回清净佛心时，又是"春城无处不飞花"，日日是好日。所以，我们以佛心来生活，事事不计较、不比较，随遇而安；幸福，就在每一个当下了。

佛法与人生的关系密不可分，学佛者，不从日常生活近处用心，则离佛道远矣。而不论信仰佛教与否，佛法都可以是我们立身处世的准则，更何况，它是引领我们迈向人生究竟圆满的解脱之道，值得我们深入探讨。

富贵的人生

过去物力维艰的时代，生活困苦，却也养成人们乐观、知足的天性。到了现代，虽然科技方便，但是养尊处优惯了，反而少了奋斗吃苦的精神，抗压力低，也容易受挫。现代有许多人只想追求像上流社会一样，有钱又有闲的富贵人生，只是，真能如愿过这样的生活，人生不一定幸福。所谓"富贵的人生"，其实要从自己的内心开始。什么才是富贵呢？提供四点给您参考：

第一，健康是最真的富贵

一个人的身体如果不健康，常为病苦所折腾，就是住在总统套房，也无福享受；同样的，地位再高的人，身体如果失去健康，终日卧在病榻上，权力对于他有何意义呢？我们常常计划明天、构想未来，但是没有健康，一切也都将成为空谈了。所以，最真的富贵不是龙楼凤阁、罗绮珠翠，而是先有健康的身体，人生的理想才得以完成。

第二，知足是最大的财富

不能知足的人，即使把地球上所有的财富都给他，他都还是贫穷的，因为内心永远觉得不够。不够就是贫穷，感受不到富足的快乐,所谓"财多愈求,官高愈谋,人心不足,何日够休",所以,最大的财富不是我拥有多少黄金、多少不动产、能做多少投资等,而是我很满足,能有"身安茅屋稳,性定菜根香"的怡然自得。

第三,信仰是最好的品德

我们信仰宗教,心中便有了慈悲、道德,对社会有一份责任感。为了实践心中的信仰,人就愿意奉献自我,服务大众,散发生命的光热,开发真、善、美的品德。这就是信仰的价值,信仰所带来的富贵。

第四,包容是最美的情谊

人的心中如果只有自己,在人生的旅途上就会很孤单。人与人、人与物,都是相依相生而存在的,所以,我们的心量越大,人生的境界就愈宽广。可以包容一个家,家就是你的;可以包容一个社会,社会就是你的;可以包容一个世界,整个世界就全是你的。涵容万物,与万物和谐相处,包容是最美的情谊,更是人生无比的富贵。

"富贵"是传统观念中的五福之一,然而事相上的富贵并非绝对,俗话说:"人外有人,天外有天",你有千万,他人就有亿万,随逐高低,徒增烦恼;还不如寻常百姓,心地清净,日日快活自在,此乃真富贵也。一切因缘随心念转,真要求富贵,必须从心开始,时时存着好心、善念,修福聚德,自然世代富贵。

充实人生

气充满，球才能蹦得高；油充足，车才能行得远；人生也要充实，才不会枉费生命。充实人生要靠自己，别人帮助都还有限，要如何充实呢？在此提供四点意见：

第一，自修以厚实

自我修养很重要。《志书》载，吕蒙幼时家境贫寒，没有机会读书，后来跟随孙权身边学习。孙权见他年轻有为，劝他多读些书，吕蒙却推托道："事情太忙，没有时间读书。"孙权正色地说："我不是要你做精通古今的博士，只要你粗略地看看各种书，多知道一些掌故，能够以历史作借镜。我比你忙多了，还经常抽空读书，觉得大有好处。"吕蒙从此勤奋读书，后来担任吴军的最高军事统帅。我们虽不一定求高官厚禄，但要有深厚的知识，处世才能自如。

第二，自动以笃行

自发自动是成功的要素，不努力就想凭空而得，是最不切实际的想法。好比有一句话说："黄金随潮水流来，也要自己动手捞取才能拥有。"又说"自助者天助"，即使想要获得旁人的援手，也要自己先伸出手去。因此，只要自己能勤勤勉勉、自发自动，笃行务实，自能获得好因好缘来助成。

第三，自治以修己

儒家讲慎独，即使独处，也要严格要求自己的行为、念头，不妄取不苟为。一个人连独处时都能身心端正，处众时更不用说了。这样的人，自然成为他人的模范，一旦对人有所要求，善缘自然容易成聚。

第四，自觉以度人

经典上说："自不清净，教人清净，无有是处。"一个人空有度人之心，而无度人之智，往往徒劳无功。因此，自己要发愤用功，有所觉悟、受用，再把得到觉悟的好处及心得，与人分享，去度化他人，如此才能自他受用，才能做到佛法说的："自觉觉人，自度度人"。

每个人都想过充实的人生，也有许多人乐意帮助他人充实人生。

人生当自强

种子，必须穿过覆盖的泥土，才能发芽成长；蝴蝶，必须经过蛹的挣扎，才能翩翩起舞；动植物里，尚且要如此奋发向上；人生里，又有什么理由让我们借口不自立自强呢？因为：

第一，人生困顿，所以更要坚强

每一个人生活在世间，到处都是困难。你看，生活要舒适，困难；职业要满意，困难；家计要维持，困难；甚至人我处世都感到困难重重。如果你对这许多的困难，不能自我坚强，不能自己突破，不能自己看开，那么就要被困难所打倒。因此，就是因为人生困顿，所以更要坚强。

第二，世道崎岖，所以更要勇敢

人世间的道路上，到处崎岖艰难，可以说没有一帆风顺的。好比人情往来，有人说："纸张薄，人情更薄"；想要求个财富、求个名利、创一番事业，也都充满风险危机；甚至于交朋友，一不小心，可能会交友不慎。世路如此艰难危险，能后退吗？不能。你必须要勇敢，不怕艰难，不怕危险，你只有奋勇向前，才能到达想要达成的目标。

第三，处事难公，所以更要自爱

在人间，离不了与人来往、办事，有时实在难以事事尽如人意。尽管如此，在事情的处理当中，你还是要做到公平、公正。如果有私心而不公正，闲话就自然多起来，别人也会对你产生质疑。一次不公平，两次不公正，最后朋友都不信任你，当然前途、职业、信誉，就会受到影响。所以人在世上，要养成一个公平、公正的性格，处事公正，就必须自爱，你爱惜自己，树立自我的形象，就不会给人看不起。

第四，做人难正，所以更要实在

人，有许多贪、嗔、懈怠、因循等习气，一不小心，就容易随波逐流，乃至道理不明，想要行正都不容易。就是因为做人如此辛苦难正，所以才要更真诚实在、道德明理，这比什么都重要。你真诚实在，眼前的路，就少了虚假的障碍；你道德明理，前途未来就多一道光明。

莲花因为污泥，而更庄严清净；鲑鱼因为逆游，而更勇猛奋发；探索者不怕危险困难，正因为可以挑战自己的体能极限；参禅者不怕腿酸脚麻，也是向自我内在的陋习挑战。人生正是因为有着种种的横逆阻拦，不断超越升华，而显出意义。

为学与人生

荀子云："善学者尽其理，善行者究其难"，实在饶有深意。人的一生，无论处世或做学问，都应穷尽其道理，探究其疑难。如此，思想与人格才能不断地向上开拓，以臻圆满之境。为学与人生，有以下四点：

第一，治学不厌才是智者

苏轼以为"旧书不厌百回读，熟读深思子自知"。因此勤于读书，使学问达到既专且博的境地。所谓"书山有路勤为径，学海无涯苦作舟"。古之智者为学，总能穷日苦读而不厌，如孔子勤读《易经》，以致"韦编三绝"；郑板桥"每读一书必千百遍"。凡治学者应该熟读精思，学必求成，日久自有见解。

第二，诲人不倦才是仁者

"教不倦"是孔子的治学态度，由于他有教无类、因材施教，门下弟子，有才者比比皆是。佛陀更是伟大的教育家，他不因众生顽强而舍弃，反而以无量法门，化导众生，如面对提婆达多的迫害、指鬘外道的凶残、善觉王的侮慢，都是慈悲摄受、耐心说法，使其放下成见，改心换性。足见一位有德的仁者，始终秉持诲而不倦的教育理念。

第三，做事不苦才是勤者

做事肯勤劳精进，即使事情繁重，也不以为累，进而甘之如饴，才能心生欢喜。过去祖师大德能受人敬重，都是因为他们以不苦之心在做事，如驼标比丘勤于为挂单的人提灯照路，三十年送往迎来，他的手指已能自行发光，随时得以照亮客僧前行的路。又如道元禅师晒香菇、雪峰禅师担水、云门禅师挑柴……做事能够不苦，才能持久，才是勤者。

第四，受屈不诉才是能者

一个能者，凡事要能沉得住气；遇委屈不平时，不叫苦、不喊累、不怕难，勇于承担，人生才有希望和光明。在禅门，受得了黄檗棒、临济喝者，方可成大器。如云门禅师一再被睦州道踪禅师拒于门外，甚至脚被夹伤，仍然跟随道踪禅师学习，最后终于能继承衣钵，成立云门宗。因此，受屈而不诉，受得起、耐得住，就能增加内在的力量。

大凡智者、仁者、勤者、能者，始终执守治学不厌，诲人不倦，做事不苦，受屈不诉的态度来为学处世。身处物质富饶、信息爆炸、道德薄弱的社会，我们能否引以为鉴？

另一种人生观

每个人都有不同的人生观，有人乐观，有人悲观；有人积极，有人消极。大部分的人追求前进、热闹、争取、拥有的世界，以为这就是乐观积极；其实后退、宁静、自制、空无的世界，不见得悲观消极，有时反而是另一种人生观？以下说明：

第一，从退让中体验乐趣

一般人以为退让是怯弱，前进才积极，其实不一定。因为，前面半个前进的世界，相互竞赛、你争我夺，很少人注意回头的半个世界，因此难以享受后退的乐趣。退让不是没有力量，有时更勇猛，更有智慧。比方地上脏了，我成就大家读书的时间、环境，我来扫地。看起来扫地辛苦，身体却更健康，身心获得更大的欢喜。退让的世界，不会有人麻烦我们、阻止我们、障碍我们，同样成就功德事业。

第二，从宁静中安顿身心

平常大家习惯追求感官之娱，这种外在的快乐却不真实，欢乐过后感到空虚，甚至在身心动乱中，找不到片刻寂静。我们看禅师闭眼盘腿打坐，不看、不听、不说，以为枯坐无趣，其实他们从不看、不听、不说中，找到内在的法喜，自我安住。因此建议，一日中有数分钟的宁静，一周中有数小时的宁静，一年中有一到二周的宁静，让眼耳鼻舌身意六识暂时放下，从宁静中找回自己，从宁静里安顿身心。

第三，从自制中克制物欲

外境经常给予我们诱惑，例如财富、感情、利益等等。乃至有人美言两句，我们就心生欢喜，几句坏话，就生气伤心，喜怒哀乐无法平衡，甚至生命，都操纵在他人手里，实在可怜。你看，弘一大师咸淡有味的满足、隐元禅师面对误解的泰然，外在环境条件、荣辱，对他们毫无影响。要想在外境、物欲诱惑的边缘中获胜，就得靠自制的功夫、智慧的约束，这就要从道德、修养做起，增上力量。

第四，从空无中认识人生

我们常把心放于外在、有形的追求，《金刚经》云："应无所住而生其心"，就是教我们回头把心安在"无"上。心中无所企盼，自然没有失去的痛苦、期待的落空。无的世界，并不是没有，无是无限、无执、无累、无求，《心经》云："以无所得故，菩提萨埵，依般若波罗蜜多故，心无挂碍。无挂碍故，无有恐怖，远离颠倒梦想，究竟涅槃。"有了般若智慧，就能放下执着挂碍，能证悟到"无"，尽管有心、有情、有爱，但不会受人事的障碍，反而更能体会出丰富的内容，建立人生的新观念。

每个人境遇不同，如何从纷乱扰攘的世间，让自己返璞归真，探讨本来面目呢？以上另一种人生观可以参考。

花与人生

张潮在《幽梦影》中说："梅令人高，兰令人幽，菊令人野，莲令人淡"，赋予花朵美丽的生命与情感。在佛教中，以花供佛，是对佛最虔诚的供养；在社会上，彼此见面，以献花表达关爱问候；客厅里摆一盆花，增添气氛和情趣。一个进步的社会，对于花的培养、推广，必定非常重视；一个人生活在花团锦簇、缤纷灿烂的花的世界里，必定拥有快乐的人生。这"花与人生"四点意见，贡献给大家：

第一，效法莲花的纯洁

宋朝周敦颐《爱莲说》中说："出淤泥而不染，濯清涟而不妖"，描述莲花纯洁脱俗的气质，不同流合污、逢迎谄媚的品行。在佛教中，以莲代表清净、完美、理想的人格，因此我们看到佛菩萨足踏莲花而行、手拈莲花印记或端坐于莲花座上。生长在五浊恶世的我们，也应当效法莲花的纯洁清净、高雅留芳，只取其花，不取污泥，以"可远观，而不可亵玩焉"的精神，自持自重。

第二，效法兰花的清逸

兰花出生在幽谷中，身有迎香却甘于寂寞；素而不艳，却又风华绝代；不求取悦于众，而能独开自放，莫怪乎古人喻兰花为花中君子。孔子也曾说："兰生于深谷，不以无人而不芳；君子修道之德，不为困穷而改节。"因此，在道德人格、立身处世上，应当学习兰的高风亮节、清逸脱俗，如君子般，将自身的品德芬芳远播十方。

第三，效法菊花的淡雅

菊花盛开在秋风萧瑟、百花凋零的季节，淡淡的色彩，清雅的风姿，表现出它傲霜高洁，强韧的生命力。菊花具有"素心常耐冷，晚节本无瑕"的内涵，故古人常以菊花比喻人的德行圆满、为政清廉。例如，陶渊明隐居田野，受之于菊花"君子无争，隐士无求"品格影响，写出"采菊东篱下，悠然见南山"的怡情。我们也应效法"菊残犹有傲霜枝"，不畏风霜的品格，抵抗逆境的侵袭，而能生机勃勃地挺立于世。

第四，效法梅花的坚贞

"梅花香自苦寒来"，梅花与寒冷奋斗，凌寒留香，经历一番奋斗，终于绽放美丽的花朵，其冰雪不可夺其志的形象，往往被人们喻为坚毅的象征。诗人陆游的"雪虐风饕愈灿然，花中气节最高坚"，歌颂梅花凌霜傲雪、冰清玉洁的高贵品德；"不经一番寒彻骨，怎得梅花扑鼻香"，比喻唯有与各种艰难困苦抗争，付出比常人更多的艰辛，才能像梅花一般清香恒持，获取成就与肯定。

我们常以花比喻女子国色天香、花容月貌、闭月羞花、芙蓉如面；在佛教里，也有花开见佛、拈花微笑、天女散花、九品莲花等，与花有关的典故或用语，足见花与人生的关系密不可分。花的香、花的美、花的特立高雅、花的端庄正直，都令人尊敬感佩。

人生之喻

每一个人从呱呱坠地，到老死辞世，就是一生。人生数十寒暑，经历无数事情，也有种种譬喻：人生如旅程，应尽情游历；人生如歌曲，应尽情吟赏；人生如朝露，应及时把握；人生如风筝，应尽情飞扬……人生还有许多譬喻，列举四点：

第一，人生如舞台戏剧

舞台上生旦净丑，忠奸善恶，演古演今，演尽各种角色，演尽人生的悲欢离合，演完这出换下一出；舞台上男女老少，喜怒哀乐，穿梭交织，演不尽的生死轮回，演完此生接着演来生。无论剧情是扣人心弦，感人肺腑，抑或是荒诞可笑，谬论无稽，一旦舞台落幕了，一切都将归于空幻。

第二，人生如逆旅过客

人的出生，就像是旅客住宿，有的旅店豪华高贵，或者破落穷酸，所有设备供客人尽情使用；人的死亡，就像是旅客退房离去，旅店里的东西不管奢华或便利，无论喜欢不喜欢，都要回归旅馆。世间好比是个大旅馆，有的人只来一下子，也有人暂居百年岁月。生时的亲人、朋友、财产、事业，都是暂时拥有，一旦离开"世间旅馆"，一切东西都是生不带来，死不带去。

第三，人生如大海一沤

常有人感叹，苍天之浩瀚，人心甚渺小，也有人比喻自己是大机器里的小螺丝钉，或者也可以说，人生如大海一沤。大海波澜壮阔，包容万有，大海里，船过不留痕，鱼行不留声。大海给人方便，给人自由；大海让人开阔，让人谦虚；在大海里，每个人可以任意悠游。

第四，人生如睡时梦幻

许多人都曾做过梦，梦中上山下海，周游列国，梦中有天人、神仙、饿鬼、畜牲，变化无穷。做美梦时欢笑，做恶梦时惊惧，如同永嘉大师所说："梦里明明有六趣，觉后空空无大千。"梦醒之后，欢笑、泪水都是"黄粱一梦"。现实的人生也如梦般的幻化，忽而乐翻天，忽而苦断肠，这些苦乐终会事过境迁。人生如梦，有什么值得万般计较呢？还不如敞开心胸，笑看人生。

这些譬喻似乎把人生说得无常渺小，事实上是要我们对人生警醒，看待权位名利，如空花水月；面对称誉讥毁，当作是一场梦。菩萨总在空花水月中作道场，点醒人们在每个当下要清醒，在每个经历中积极地学习。生命如朝露，应该及时把握。

积极的人生

人，要建立积极进取的人生观，凡事要往好处想、往积极面去做；能够化消极为积极，化被动为主动，才能建立乐观进取的人生。有关"积极的人生"，有以下四点应该注意：

第一，求人不如求己

俗语说："登天难，求人更难。"因为求人难如登天，因此，有个故事说：有人问一位法师："我们拿念珠念佛，为什么观世音菩萨也拿念珠，他到底念什么呢？"法师回答："念观世音啊！""为什么观世音菩萨还要念观世音呢？"法师："求人不如求己啊！"人要自我健全；自己健全了，凡事难不倒自己，自然就无需求人了。

第二，动口不如动手

修行人"说道一丈，不如行道一尺"；练功的人"光说不练"，功夫尤其不能长进；父母教导儿女，"身教重于言教"；一个人如果经常"只说不做"，别人不会服气。有人说："德国人只做不说，日本人边说边做，中国人只说不做"，我们应该把这种习惯改一改，宁可以多做少说，平常所谓"双手万能"，凡事要动手去做，才能创造我们的事业，才能开创我们的前途，所以"动口不如动手"，做比说更重要。

第三，妒他不如学他

人有一种劣根性，常常见不得别人好，所以对于别人比自己漂亮、比自己有学识、比自己有能力，甚至看到别人升官发财，就嫉妒他、打击他、阻碍他，如此不仅损人又不利己，何苦来哉？何不转个念头，把他当成善知识，虚心向他学习，不但于人无损，而且于己有益，岂不美哉。

第四，认命不如改命

有的人自认天生命运多舛，相信命运是前世注定；既然天生命不好，何不干脆认命？如此宿命论者，对自己的未来不抱希望，这是不对的。人的命运其实是掌握在自己手中，自己的前途要靠自己创造；命运既非前世注定，也非神明、上帝所能掌控，只要自己努力奋斗，必能改变命运。所以，人不要认命，应该奋发向上，为自己的前途创造出一番事业来，如此必能改变自己的命运。

世界上最大的力量是"心力"，心的力量奇大无比；人的意志往往可以决定自己的前途。

卷二 ｜ 生命的真谛

自学是成功的动力，
信心是到达目标的动力，
慈悲是家庭幸福美满的动力，
无我是宇宙中最伟大的和平动力。

生命的缺憾

　　人生的美好，是从缺陷中而有，人不一定要求圆满，残缺也是一种美。残缺是生命的本质，也是世间的实相，我们应该了解残缺，欣赏残缺，进而运用残缺，转化残缺，但不能让残缺成为生命中的遗憾。有关"生命的缺憾"，有四点说明：

　　第一，贫不足羞，贫而无志是可羞

　　一个人贫穷，并不足羞，最可羞耻的是贫而无志。做人要"人穷志不穷"，尽管一时困顿，但是财富上的有无并不值得计较，只要我们内心有志、有愿，不怕未来没有成就。

　　第二，贱不足恶，贱而无能是可恶

　　嫌贫爱富，希贵恶贱，这是人之本性。但是真正的卑贱并非没有功名，没有富贵，没有地位，所谓"无位非贱，无耻为贱"，恬不知耻，必然贫贱卑微；不肯进德修慧，人格就会卑贱。甚至有的人好吃懒做，整日闲荡，不肯勤劳工作，也不肯努力上进，如此自我作践，才是最为可恶。

　　第三，老不可叹，老而无成是可叹

　　老人，不是年龄，而是心境；老，最怕的是心力衰退，而非年龄的增加。一个人老了，岁月无多，就觉得很可悲叹。其实人的生命活多久，并不重要，重要的是你在人间留下了多少功德事业？你有活出生命的意义来吗？对台湾最有贡献的郑成功活了 38 岁、精忠报国的岳飞活了 39 岁、孔子门下第一贤者颜回 31 岁、古代马其顿国王亚历山大大帝 33 岁。但是他们的人格道德、功勋事业，至今依然辉耀人间，为人所怀念。所以人老了不要悲伤，要紧的是，你活得有意义吗？

第四，死不足悲，死而无功是可悲

有生必然有死，人死并不一定要感到悲伤，人，只要能为世间上留下语言的寿命、功德的寿命、事业的寿命，所谓"立言、立德、立功"，能够有功于世人，这就是永恒的寿命，倒不一定在乎身体活多久。所以我们能留下一点功德事业让世人来受用，留下几句名言嘉句让后人来怀念，这才是重要的。

追求幸福圆满的生活，是人性自然的希望，但是在完成圆融的人生时，更应该涵养一颗宽厚的心，去帮助世间上其他有缺憾的生命。

生命的动力

牛马吃草，就有力量负重远行；人除了三餐饮食之外，还需要不断地补充精神食粮，才有动力向人生的前途迈进。生命的动力，有六点意见提供参考：

第一，在嗔恨处散播慈悲的种子

嗔恨、对立是人我的高山，也是自我的障碍。当别人把我视为仇敌，当我是冤家；越是对我不好，越是心中嗔恨我、仇视我，我越要悲悯他，越需要播下慈悲的种子。慈悲才能化解嗔恨，千万不能火上加油，仇恨又添仇恨，冤冤相报何时了？再说，学佛的人没有敌人，最大的敌人是自己，如果心中真有敌人，那么用心去爱自己的敌人，是让一个人进步的最大动力。所以，我们要散播慈悲的种子，要用悲悯心去消除嗔恨。

第二，在仇怨处施予宽恕的谅解

人生最大的美德是宽恕，不能宽恕他人，便无法获得别人的宽恕。当有人怨恨我，跟我产生敌对的时候，要布施宽恕与谅解，不要太计较，不要太执着，尤其不能让仇恨一直在心里发酵，否则最终受害的是自己，所以要用宽恕化解仇怨。

第三，在怀疑处培养信心的力量

"疑心生暗鬼"，自己有怀疑时，要培养自我的信心；别人怀疑我时，也要给别人足够的信心。有信心就会产生力量，信心可以帮助我们解决问题。

第四，在黑暗处点燃般若的火花

"千年暗室，一灯即明"。灯代表智慧，一个人再怎么愚痴，只要能开发般若智慧，就如灯明暗去。所以，当我们在人际关系上出现裂痕误会，或自我情绪低落无明的时候，要点燃智慧的火花来化解问题，不可以意气用事。

第五，在失意时提出明天的希望

有人灰心、失意了，我们要鼓励他、安慰他，让他对未来充满希望，让他相信明天会更好、以后会更有前途。让别人对未来充满希望，这是无上的布施。

第六，在忧伤时赠予喜悦的安慰

当别人心情忧伤苦闷时，你能及时为他分忧解劳，并且给他一点喜悦，必能得到对方的信任与友谊。

人，要懂得改心换性，改心性、革陋习是自我进步的动力。其他如自学是成功的动力，信心是到达目标的动力，慈悲是家庭幸福美满的动力，无我是宇宙中最伟大的和平动力。此外，人际相处时，也可以运用我们的慈悲、智慧、宽容、信心，去帮助别人发挥生命的动力。

生命的助力

我们常听说"时代考验青年，青年创造时代"。不管生逢任何时代，我们所生存的社会、所接触的人事物，都是对我们的考验。如果我们不能接受环境的考验，不能抵挡声色货利的诱惑，心中没有力量，就不容易成功。反之，经得起各种顺境或逆境考验的人，则一切都能成为生命中的助力。关于"生命的助力"，有四点看法：

第一，贫困是琢磨志气的玉石

所谓"玉不琢，不成器"。贫困其实正是砥砺、琢磨志气的玉石。一个人，面对外在的贫穷，可以靠勤劳来奋发；遇到外来的困顿，可以凭着坚忍来度过。只要你有愿力、有斗志，贫困、逆境，反而能够成长我们的志气，增加内在的力量。最怕的是心里贫困，没有力量抵抗外在的逆境，那就注定只有失败一途了。所以，我们宁可没有钱财，也不能没有骨气，更不能失去信心。

第二，卑贱是成熟人生的冬雪

人生难免会遇到不得志的时候，当自己时运不济，才能不能发展，只能屈就做小工，或者做卑微的工作；逢此时刻，千万不要因此而悲叹，因为《禅林宝训》有一句话："霜之雪之，秋冬所以成熟也。"

生活上的一些不如意，其实都是成熟我们的冬雪。南泉普愿禅师曾经以采樵为业，隐峰禅师也曾以推车度众，他们开悟成熟后，都成为一代法将。因此，只要能经得起寒冷的冬雪，必能做苍松翠柏。

第三，逆境是考验人生的试卷

人生世间，要靠种种因缘和合而生存，因缘条件改变，环境也会随之而改变。因此，如果常常要求顺境，要求别人如我们的意，这是不可能的。遇到逆境，我不顺利，我不如意，因此就生气苦闷、消极懈怠，这叫经不起考验。篮球打得愈用力，蹦得愈高；风雨愈大，激起的浪花也愈高。接受逆境，把它当作人生的考试卷；你不怕逆境，不怕试题，就能愈挫愈勇，因为你心中早有准备。

第四，烦恼是修行证道的资粮

人，常常活在烦恼里。自己身体不好，起烦恼；别人说话我不高兴听，也烦恼；世间事情我看不惯，我更烦恼。在种种烦恼之下，人生怎么能快乐得起来呢？如果能把烦恼当作修行证道的资粮，不管遇到悲伤、忧闷、挫折，只要你能转化，就像酸涩的菠萝，经过阳光、和风的照拂，就可以尝到甜味。所以，人要懂得转境，能够转苦为乐、转染为净，才能转烦恼为菩提。

小孩子学走路，需要有大人的扶持；学生参加考试，希望有老师的帮助。在我们困顿的时候，也希望有善知识给予一臂之力。然而，别人的护持只是一时的，我们无法天天冀望别人的安慰或鼓励，只有开发自己内心的力量，才能成为自己生命中的助力。

生命的真谛

常常有人问人生有什么意义，有人认为生命的真谛在努力付出，有人以为生命的真谛在真诚服务，也有人说人生的真谛在成长蜕变，更有人主张生命的真谛在超越升华……到底生命的真谛在哪里？以下四点，我们可以思考。

第一，生命在事业中，不在岁月上

生命岁月的长短，不能决定它的意义。假如我们活了 60 岁、70 岁、80 岁，甚至 100 岁，却对人类没有利益贡献，或者"老不晓事"、"倚老卖老"，乃至被讥评为"老而不死谓之贼"，那又有什么意思？倒不如将生命的力量扩大，用来成就一番福国利民的事业，利益他人、利益大众，那么生命就不在年龄的长久，而在显现的价值了。

第二，生命在思想中，不在气息上

生命在呼吸之间，一口气不来，生命就没有了。但是，生命并不只是在这气息上而已，因为你既然活在世间上，就要对人类、对社会有所贡献，这就要靠思想了。你的思想里有智慧、有慈悲，都是利人利事，行止也必定是利人利事。你看，司马迁受宫刑后，发愿完成《史记》，柏杨也在牢狱中写下白话文《资治通鉴》，他们的生命早已超越自身的气息，而进入大我众生的思想中了。

第三，生命在感觉中，不在时间上

自我的生命在哪里？扪心自问：自己活得有意义吗？活得有价值吗？我活着对国家、社会有什么贡献？对民众有什么贡献？对团体、对家庭有什么贡献？如果感到是正面的，"我有贡献""我有用处""我可以奉献心意、力量"，那么我们就拥有生命的真谛、生命的价值，而不是在时间的久长。

第四，生命在内涵中，不在表相上

生命的真谛要在有意义、内涵，什么意义？比方，我一生中，教育多少的后进，提携多少的人才，帮助别人解决多少苦难，走过多少挫折。假如让别人因为我们而能有所增长、有所提高、而能扩大，那么，生命就不在表相上，而在自他成就的内涵中了。

生命的真义

每个人都有一个生命，因为有生命，所以我有了这个色身，有了生死，有了生活，有了各种社交、往来、活动。我们的生命，也不只是身体而已，主要生命是长久的、是永恒的，即使身体坏了、死了，可是生命不死。它像河水，流到五湖四海，一滴不少；它像木柴，一段一段的，这一段烧完了，换另外一段，但生命之火不会熄灭；它也像念珠，一颗一颗串在一起，一个阶段接着一个阶段，没有终始。因此，要如何了解生命的真义呢？以下有四点：

第一，信仰的生命

所谓信仰的生命，是对生命有无限未来的信仰，肉体上的生命有生老病死，但是信仰的生命，超越有无、超越对待、超越生死，它亘古今而不变，历万劫而弥新。因此，人不能没有信仰，有了信仰，就会觉得我与宇宙同在、与法界同体、与众生合一，感到"我是佛"、"佛是我"，把小我的生命，升华为大我的生命。

第二，功德的生命

一般人努力创造事业，希望子子孙孙继续传承下去。但是事业的生命，还是有兴隆衰退的时候，假如你把事业转为慈悲喜舍、广结善缘、常做好事，这样的生命，就会变成功德的生命，福利社会，泽被人群，不但自己有好处，还可以让别人受到你生命的利益。

第三，道德的生命

古人有言："钱财传给子孙，不如留德给子孙"，人总会为儿孙这样想、那样想，其实，儿孙自有儿孙福，你留给他有限的财富，财富会有用完的一天，不如你建立儿孙的道德观念，让他建立良好的习惯，具备善根福德因缘、养成健全的人格，这样的子女，他会光宗耀祖，会帮父母、家庭、家族的生命，继续延长下去。

第四，言教的生命

"立言"是古人三不朽的事业之一，它是智慧的财产、文化的宝库，通过著书立说，人类美好的思想、文化，得以绵延传承。像《四书》《五经》，种种古圣先贤的著作，他们的言教生命，流传两千余年，至今润泽后代子孙。言教的生命，实在超越时空，亘古恒长。

洞悉生命

每个人都有源源不绝的潜能，等待发掘，每个人也都是自我生命的工程师，应该开发能源，升华生命。所谓"河沙妙德，总在心源"，如何洞悉生命的宝藏，以下有四点提供：

第一，知足是天然的财富

世人往往只见到钱财的富有，殊不知我们内心有许多无形之财，如慈悲、信仰、欢喜、惭愧等。《八大人觉经》云："觉知心无厌足，惟得多求，增长罪恶；菩萨不尔，常念知足，安贫守道，惟慧是业。"其实"富莫大于知足，贫莫大于贪婪"，多求者，耽着外境，心为形役，不得安宁，若是知足守道，以内在之财为富，必定能欢喜自在。

第二，奢侈是人为的贫穷

一个会经商赚钱的人，若不知道开源节流，钱财早晚会流失。反之，赚钱少，但知道经营储蓄，一样能致富。宋朝寇准因为奢侈，加上子孙又奢靡，而将家财挥霍殆尽，可见奢侈无度者终难久富，节俭者必不致贫。因此，司马光以俭朴为美，不以奢侈为荣。

第三，精进是无尽的能源

勤劳精进，认真工作，是我们生命的能源。《左传》言："人生在勤，勤则不匮。"以精进为锄，犹如拥有无比的电力，能为自己承担重荷，不生畏退，如菩萨"为求菩提，擐精进甲，以大誓愿为器杖，日夜精勤，增长功德，犹初白月渐渐圆满"。

第四，懈怠是隐形的危机

懈怠的人根身疲倦，心识放纵，不知奋发向上。懈怠之念一生起，像泄了气的皮球，再也弹不起来。于是，工作不起劲，导致财务困窘；意兴阑珊，生命力愈来愈萎缩。所谓"勤勉者，时间会带给你的希望；懈怠者，社会会忘记你的存在"。所以，为人应该勤勉精进，莫让懈怠的危机潜伏着。

莎士比亚说："勤勉是幸运的右手，节俭是幸运的左手，两者均可致富。"财富不是凭空而得，是靠自己努力赚来的，也不是由享乐中得，是由勤劳节俭累积而成的。如果我们能洞悉生命内在的财富能源，勤奋向上，知足常乐，就拥有了人生最大的富贵。

生命的常乐我净

生命不只是人类才有，空中飞的鸟雀，山中走的野兽，河里游的鱼虾都有生命；不但动物有生命，树木花草、天地日月也都有生命。佛教说生命是永恒的，可称为"涅槃"，涅槃的意义是常乐我净，也就是生命的真义。

第一，常，感到生命的永恒

佛教讲生命是圆形的，不是直线的，好比四季，冬天来了，春天还会远吗？时钟从 1 时走到 12 时，会再回过头来；一栋房子毁坏了，可以再重建；人有生老病死，死了又会再生，因此生命是不死的、是轮回的。生命的意义不在于时间的长短，重要的是为这个世界留下了什么，有的人这一期的生命像流星一样瞬间即逝，但是他们留下的贡献，却昭示着他们生命的永恒。

第二，乐，感到生命的喜悦

活着的意义在于创造快乐，但是酒色财气的快乐只是一时的、短暂的，真正的快乐来自道德、人格的升华，义理、人情的通达。好比佛陀的弟子跋提王子，过去在皇宫里拥有护卫保护，却害怕别人陷害；虽然吃得好、睡得好，却食不知味、睡不香甜，反倒是在淡泊的修行生活中得到快乐。

第三，我，感到生命的存在

一般人常说"我在这里"、"我目前"、"我现在"，可见人的生命就存在于当下，即便是死亡了，生命依然存在，好比旧汽车报废了，只要再换一下零件或车身，还是可以再使用。所以，生命是永远存在，不会消灭的。生命存在的定义不在于一息尚存，而在于具有"用"的价值，小花点缀世间的美丽，小水滴滋润大地，小草绿化世间，因为有"用"，所以让人感受到它存在的生命。

第四，净，感到生命的清净

人的本性是不受污染、没有罪恶的，只是一时被烦恼的灰尘、欲望的尘埃所遮蔽，而无法显现，一旦能将烦恼无明去除，就能回归清净的自性。人的心胸如能常葆赤子般的单纯，思想就能清净，思想清净就不会有烦恼。

涅槃的快乐有四个特性，就是"常、乐、我、净"。感到生命的长久，我们会快乐；感到生命里有自然的喜悦，我们会快乐；感到生命的存在，会觉得快乐；感觉生命的单纯清净，更是快乐。

健康的生活

人人都要健康，除了身体要健康以外，语言要健康，思想要健康，心理也要健康；身心健全，才能过健康的生活。因此，什么才是健康的生活？有四点：

第一，快乐的人，不会自恼恼人

忧愁苦恼的人，不只自己整天心烦意乱，也会将烦恼带给别人，把忧郁传染给别人。因此，我们要做一个有进取心、乐观开朗的人，做一个能与人为善、不与人争的人，唯有如此，生活才不会自恼恼人。

第二，自爱的人，不会自伤伤人

明朝吕坤说："人不自爱，则无所不为。"不自爱的人，动辄做出违背道德之事；不自爱的人，到处为非作歹，危害社会，殊不知这样的行为，不但伤害了自己，也伤害了别人。因此，一个人要懂得自爱，才能从帮助别人中，体会自助助人的快乐；从慈爱别人中，懂得宽容的可贵。

第三，诚实的人，不会自欺欺人

商场上，有的人为了赚取蝇头小利而坑蒙拐骗；职场上，有的人为了谋得一官半职，不惜伪造文凭，假造学历。古德云："诚者万善之本，伪者万恶之基。"一个不诚实的人，一旦让别人对他失去信任，自然得不到他人的支持。因此，我们要做一个诚实的人，待人处事要言行一致、不昧良心，如此才能活得心安理得。

第四，正直的人，不会自畏畏人

孔子曰："君子坦荡荡，小人长戚戚。"俗语也说："平常不做亏心事，半夜敲门心不惊。"一个正直不阿的人，自己行得正、做得直，则凡事无所畏惧，纵使有人故意散布谣言、蓄意毁谤，因为他心安理得，不但自己没有恐怖，且能为人所信赖，给人安全感。反之，做人不得正派，则临事而惧，惶恐不安，别人对他也会敬而远之。

因此，一个健康的人，不但自己身心自在、日子过得安稳，进而也能带给别人欢喜和快乐。

爱惜生活

有情者，怜香惜玉；自重者，爱惜羽毛；奋发者，惜时惜阴；英雄者，惺惺相惜。我们在世间生存，也要爱惜生活。怎样爱惜生活呢？有四点：

第一，省嗜好以养心

《佛光菜根谭》说："好嗜欲则贪爱之心生，好利养则奔竞之念起。"人都有嗜好，适度的嗜好，可以怡情养性；不好的嗜好，成为癖性，甚至嗜好太过强烈，就会变成贪心，变成执着，成为烦恼的根源。因此，如《吕氏春秋》所说："退嗜欲，定心气。"生活中省一省嗜好，就可以长养自己清廉的心。

第二，崇退让以和众

忍与退，是在大众里与人相处不可少的法门，如果说"忍"是一种担当，那么"退"就是一种涵养。所谓"耐一时，火坑变作白莲池；退一步，便是人间修行路"。一位谆谆君子，总是恭敬、退让以明礼。能够谦退不比较、不计较，自然就有人缘，自然就能和众。

第三，减耗费以惜福

滴水如金，丝履似银。世界上无论什么东西，都是来之不易，因此要懂得珍惜。乃至金钱、时间，甚至感情，也要爱惜。生活中能减少一点浪费，减少过度消耗，就是爱惜自己的福报；福报如同银行里的存款，懂得惜福，才不至于耗费用尽。

第四，重实践以成事

"经验来自实践，成功由于力行"。一个人事业能成功，努力实践是很重要的因素。有些人光说空话，说食数宝，做事虚晃一枪，这是不能成事的。修行也是如此，佛经云："虽有多闻，不制烦恼，不能自利，徒无所用。譬如死人，着金璎珞。"如果没有实践，漫天的理论，犹如空中泡影，也是徒劳无用。

"知书可以明理，所以古人敬惜字纸；知悉人生无常，所以行者珍惜缘分"。佛法说人身难得，所以我们要爱惜生命。爱惜生命，就要珍惜人生、爱惜生活，否则浑浑噩噩，空走一遭，那就太可惜了。

健康生活

随着经济富裕、信息多元的发展，人们愈来愈重视生活质量与健康之道。尤其健康的生活，必须靠我们内在健康的观念及外在的条件，才可以成就。在此提出六点，供大家参考：

第一，养浩然的正气

孟子说："吾善养浩然之气。"所谓浩然之气，就是有正义、有正见。一个人有了正义、正见，在生活中，即使面对诸多不如法、不如意、是非、好坏，均能以正确的态度面对、处理。因此，健康生活的第一法，就是养浩然正气。建立了正义、正见，你就会拥有健康的心理，拥有健康的生活。

第二，吃清淡的食物

现代物质丰饶，各种美食竞相推出，吃法也无奇不有。许多人乐此甘馔美食，视为人生一大享受。但是，医院里的病患没有减少，甚至文明病更难治愈。根据医学研究，清淡自然的食品，对人体不会造成负担，容易保持愉悦的心情，因此，现代人应重视清淡食物，以增进健康。

第三，有适当的睡眠

所谓"休息是为了走更长远的路"。睡眠看似静止，实有储藏隔日体力的功用。适当的睡眠,有助于生活质量的改善,但如果太过,则会造成反效果,使人萎靡不振,无法思考,因此,要有适当的睡眠。

第四,有充分的运动

人的身体,就好像一部机器,你不常发动,等到久了、生锈了,忽然要动,就动不起来了。因此,平常要有充分地运动,如散步、慢跑,像佛教的朝山、跑香,也都是很好的运动。

第五,吸新鲜的空气

一般人说:"早睡早起精神好。"早晨的树木花草,吐露芬芳,吸一口新鲜空气,会感到精神提振,身心舒畅。因此许多人趁着假日,携家带眷登山郊游,远离尘嚣,接触大自然,享受新鲜空气,也为自己的生活注入一股清新之气。

第六,具禅定的功夫

健康的生活,除了外在条件的调养外,也要配合内在的养成。尤其每天 5 分钟、10 分钟禅坐的习惯,可以培养定力,有助于处理生活中各种问题,创造优质的生活。健康生活,要能动也要能静,将一天纷扰外攀的心,作一个调整放松,这也是健康之道。

生活的自在

塞车，让我们苦恼；感情，让我们挂碍；健康，让我们担心；钱财，让我们执着；人我，让我们伤神……人人离不开这生活里的种种，但是你生活得自在吗？以下四点提供参考：

第一，人我是非不去说

人与人之间的争执、冲突，常常是不经意的一句话引发而来。因为一言不和，反唇相讥，于是你来我往，甚至武力相向，一发不可收拾。所以，谈人我是非，容易招来灾祸；探他人隐私，很快惹来麻烦，这都是扰乱清净生活的原因。我们无法要求别人都对我们说好话，唯有自己转转心境，心中自然没有烦恼；人我是非之前，忍耐三分，反而得到更多自在。

第二，成败得失不计较

成功时，信心满满；失败时，灰心丧志，这是一般人常有的反应。然而一个成就大事的人，小小的成功不会志得意满；受挫时，也不会失去信心，反而愈挫愈勇。爱迪生面对实验室付之一炬时说："感谢大火，把我以前所有的错误烧尽。"所谓"祸兮福所依；福兮祸所伏"。人生的际遇，穷通祸福，成败得失，都只是一时，不管好坏，如果能把它看成是人生的过程，不执着计较，心灵的空间会更加宽广。

第三，忧愁烦恼不挂念

生活里有着许多烦人的事，你把忧愁烦恼带到床上，就会睡不着；把忧愁烦恼带到桌上，就会食不知味，因此，最好不要跟忧愁烦恼做朋友。有时候，烦恼并不一定从外境来，可能是自己起心动念，庸人自扰。因此，我们要做自己的医生、工程师、雕刻师，懂得自我对治烦恼，自我建立喜悦性格，甚至就以委屈、挫折、打击做材料，为自己雕塑一个美好、安住、自在的艺术生活。

第四，名闻利养不争前

世间名闻利养，用技巧争来，只会让人家不服气，终究不是自己的；只要缘分具足，不必去争，自然也跑不掉。所谓"义之所在，不落人后；利之所在，不居其前"。在名闻利养前，退让一步，何等的安然自在；在功名富贵前，安忍谦恭，才是真正的进步。

人生不能只是往前直冲，有的时候退一步思量，往往能有海阔天空的视野。

生活之要

每个人每天都要生活，但不见得人人都懂得生活。生活不是只有衣食住行，生活不能只是吃喝玩乐；生活中应该有对自我，乃至对他人应负的使命和应尽的责任。甚至纵使人人懂得生活，当中也会因为个人的生活态度不同，自然活出不同的生活质量，体验出不同的生命意义。例如有的人活得很艺术、很自在、很充实，有的人却在生活里烦恼、苦闷、不安住。所以"如何生活"才能活出健康的人生，有四点意见：

第一，三餐饮食要恰当

"民以食为天"，人靠饮食滋养色身，生命才能存活。但是如果吃得不恰当，也会吃出病来，例如有的人吃得太多，吃得太好，结果营养过剩，造成肥胖症，不但行动不便，甚至危及健康。所以，要想获得健康的身体，饮食要知节制，要定时、定量，要把饮食当医药想，能够"食存五观"，更是最佳的养生之道。

第二，出入衣着要得体

俗云"佛要金装，人要衣装"，生活中除了吃以外，穿也是大事一件。穿衣除了有保暖、美观的功用之外，得体、合宜的穿着也是一种社交礼仪，从中亦可显示出一个人的身份、涵养。所以，在什么场合，是什么年龄，就该穿适合自己身份的衣服，这才是穿衣之要，而不一定要追求时髦、华丽，更不能标新立异，奇装异服，引人侧目。

第三，起居作息要正常

每个人一天都有 24 小时，虽然各人运用不同，但是什么时候睡觉，什么时候工作，什么时候运动，什么时候休闲，起居作息要正常。正常的生活作息，不但有助于身体健康，影响所及，举凡工作、交友，乃至家庭生活、个人性格的养成，都有间接的关系。所以，起居作息切勿晨昏颠倒，如此不但生活秩序大乱，自己的人生也会失序脱轨。

第四，精神生活要安静

人有物质生活，也有精神生活，精神生活安排得宜，可以平衡身心，稳定情绪，提升性灵。所以每天工作之余，要有属于自己独处的生活空间，让自己的精神得到片刻的宁静，让自己与自己对话，检讨一日得失。乃至透过礼拜、诵经、打坐等信仰生活，或是阅读、休闲、娱乐、艺术等活动，让心灵得到充分的养息，以迎接每一个新的明天。

每一个人的生活，要靠自己安排、策划，用心经营，才能活出不同的人生。纵使你只想平凡地过一生，也要把最起码的行住坐卧生活打理好，千万不能让自己活得一团纷乱，活得乏善可陈。

生活真义

常听到有人说："生活有什么意义？"不明白生活意义的人生，等于行尸走肉、毫无价值，甚至枯燥无聊。历史上，曹操在《短歌行》中吟道："对酒当歌，人生几何？譬如朝露，去日苦多。"即使是历史上的英雄豪杰，对于人生的意义，也未必真有所了悟。生活的真义究竟是什么呢？有四个依循方向：

第一，生活的目标在追求幸福

怎样才算幸福？家庭美满、富贵长寿、完成任务、获得肯定等等都是，然而，最大的幸福，还是来自内心的满足和平、自他的欢喜。要过得幸福快乐，就必须扩大小我，把自己融于大我之中，不仅追求个人的幸福，同时也创造人间大众的幸福，从大我中获得快乐。

第二，生活的体验在充实人生

生活重在体验，要有体验，就要充实人生。如何充实？认识自己的不足，加强新观念、新技术、新知识，开发潜能，与时俱进，厚植生命的食粮，这都是充实人生的方法。除此，还要发挥才能，积极投入社会，服务人群，使自己为众人所用，成为大众生命的一部分。

充实人生，才能开创人生。

第三，生活的美德在提升性灵

古人云："心无物欲乾坤静，坐有琴书便是仙。"生活要讲究艺术，讲究美德，培养高尚的情操，拥有真善美。在生活里，我们使用善美的语言，表现真诚的行为，养成净化的思想。这些美德，可以帮助我们提升性灵，超越品格。

第四，生活的意义在圆满生命

生活的意义不完全是为自己，古德云："和羹之美，在于合异；上下之益，在能相济。"和谐才能互利，和谐才能平安，我的生活的意义，在让我的家人、亲人活得欢喜、有价值；让我所居住的社会世间和平美好。所以，生活的意义，是在创造生命，创造社会的生命、国家的生命、大众的生命。

生活之中，有对自我，乃至对他人应负的使命和应尽的责任。每个人的生活态度不同，活出的生活质量不同，体验生命意义也不同。

生活的健康

每一个人都希望求得健康，但是健康有健康的条件，健康有健康的因果。如何才是健康的生活？才是健康的人生？有四点让大家参考：

第一，饮食要节制

人类色身的维持是靠着饮食来滋养，所以我们每天都要吃饭。有的人喜欢三餐外，再加下午茶点、宵夜，也有人为了保健，食用各种补药，如此吃得过多、过好，营养过剩，反而造成身体的负担，形成肥胖症，甚至引起胆固醇过高、糖尿病等等。

佛教以"少食为良药"，只要每天三餐正常，定时定量，吃得均衡，吃得清淡，就不会造成肠胃的过分负担，此即是以节制饮食来养生。

第二，作息要正常

平时要养成生活正常的习惯，有的人为了赚钱，生活颠三倒四，步伐不规律，时间久了，生物钟自然也不正常。

为什么有些人会长寿？因为他们活得健康，过着早睡早起的规律生活。除了生活有序外，工作也须有规律，该是上班的时间就专心工作，即使忙碌，也尽量维持正常的作息。

第三，情绪要平和

佛教说："情绪乃无明业风。"所以想要健康，对自己的情绪要能控制，要懂得平衡它，每天常常挂碍、忧愁，得失计较，这些都是有碍健康的。

现代人的健康杀手之一，就是"忧郁症"，忧郁症与个人的情绪息息相关，当一个人的情绪平和时，除了身体能释放良好的能量与产生新细胞外，也会理智清明，做事安然，身体自然会健康。反之，情绪不平和时，则容易产生不好的细胞，不但影响生活质量，更伤害身体。

第四，物用要淡泊

日常生活里，衣食享用不能没有，但也不能太浪费。如我们出门不能不使用交通工具，但也没有必要用太好的车辆，因为太好的车子，除了需天天照顾、保养，出外也怕弄坏，更怕被人偷了去，总之有很多的挂碍。假如能淡泊一点，节制物欲，淡泊物用，就不会患得患失了。

《佛家养生百字诀》所言的生活健康之道，也可供大家参考："早起未更衣，静坐一枝香；穿着衣带毕，必先礼佛祖。睡不超过时，食不十分饱；待客如独处，独处如待客……"有了正确的生活态度，正常的生活规律，我们要拥有健康、享受健康就不难矣！

如何拥有宗教体验生活

现在社会上追求宗教、信仰宗教的人愈来愈多。你信仰什么宗教，就有那个宗教的体验生活，而一个佛教徒，应有怎么样的宗教体验生活呢？以下四点：

第一，以如生活，无不皆如

佛教的生活是"如"。所谓"如是、如是"，"就是这样"的意思。如是，就是要安住身心，就是要如我不动。好比，一个月我赚到多少钱，就依多少钱去生活；我应该做多少事，我就尽力去做。把生活中的一切看成都是"当然的""本来的""一切就是这样"，你有了"如"的观念，自己就不会妄求、妄动，不为五尘所染，不随五欲而转，你就能无不皆"如"，到处随缘自在。

第二，以缘行化，到处有缘

世界的成立要靠"因缘"，事业的成长，人我的关系，生活衣食住行，就是树木花草，也要靠各种条件因缘才能开花结果，生活在人间，没有"因缘"，实在窒碍难行，难以有所成就。所以，我们要认识缘起，进而广结善缘，你有结缘，以缘行化世间，就会到处有缘，就能得到多助。

第三，以智拥有，凡事皆智

这世间一切，我们不可以用愚痴、贪心、妄念、邪见去追求，而要用智慧去拥有。比方，外在的物质生活，好比浮云行空，瞬即消逝，因此我不一定占有，但是可以享有世界；我不一定求外在的财富，但要开发心里的宝藏。能以智来拥有，凡事都是智慧，懂得随缘来、随缘去，就不会挂碍于心，恰似蜻蜓点水，了无余波，自在逍遥。

第四，以定安住，一切能定

我们经过一天的忙累，需要温暖的家来安顿疲惫的身心；鸟儿觅食厌倦了，也需要窠巢来栖止弱小的身躯。而我们要把心安住在哪里呢？安住在钱财上，它可能失去；安住在感情上，它可能会变化，安住在荣耀上，可能不长久，实在没有一个真正的安乐窝。佛陀教我们安住在禅定上，所谓"以定安住，一切皆定"。禅的世界，是"寂然不动，感而遂通"、无住而住的世界，充满洒脱、自在、活泼；禅的风光，可以与宇宙天地俱在永恒。

有了宗教的生活，就能升华，就可扩大，超越物质生活，超越人我对待。所谓"如人饮水，冷暖自知"，以上四种宗教生活，还得靠我们去亲身体验。

生活的真义

在生活里，我们经常为五欲尘劳、往来酬对，应付得疲惫不堪。人如果一直活在物欲的追求里，会把人生绷得很紧；能够跳出物欲，洒脱自在地生活，过一个超越的人生，这才是"生活的真义"。有四点说明：

第一，酒以不劝为欢

中国人好客，每逢宴会、聚餐的场合，主人不但殷勤地为客人搛菜，而且频频劝酒。古人劝酒，原本是表示祝贺、敬意；相沿至今，却成为一种无法避免的习俗。你看，有人喝酒的时候，先干为敬，强人所难，弄得大家尴尬、难堪不已。甚至有人劝酒不成，认为对方不给面子，导致恶目相向，挥拳舞刀，使得原本欢喜的聚会，却以悲剧收场，所以说"酒以不劝为欢"，实为至理。

第二，棋以不争为胜

真正下棋者，他不争强斗胜，不以胜败、得失、输赢为计较，他只是为下棋而下棋。清朝大将左宗棠的棋艺高超，少有敌手。有一次微服出巡，看到一位老人摆下棋阵，并且在招牌上写着："天下第一棋手"。左宗棠觉得老人太过狂妄，立刻前去挑战，没想到老人不堪一击，连连败北。左宗棠洋洋得意，命人将招牌拆掉。

当左宗棠从新疆平乱回程，见到老人居然还悬挂着牌子，心甚不悦，又跑去和老人下棋，结果三战三败。惊讶之余，他问老人何以在这么短的时间内，棋艺竟然进步得如此快速？老人笑着回答："你虽然微服出巡，但我一看就知道你是左公，而且即将出征，所以让你赢，好使你有信心立大功，如今你已凯旋，我就不必客气了。"老人懂得下棋以不争为胜，那才是棋中高手。

第三，理以无妄为道

我们经常看到一些人发生冲突，僵持不下，往往只为了争得一个"理"字。其实谁有道理，谁没有道理，是很难从表相上判断的。真正的道理，不能虚妄，必须建立在公平、公正上，得到大家的公认，展现在人的理智之前，合乎普遍性、必然性、平等性、永恒性等条件，那才是真理，才是正道。

第四，人以无求为高

一般人的生活，都是有所求，求财、求名、求权、求位。然而"有求莫如无求好，进步哪有退步高"，有所求，自然流于低俗。所谓"人到无求品自高"，"无"的世界并不是没有，而是"无限"、"无执"、"无累"、"无求"；证悟"无"的境界，尽管有心、有情、有爱，但是不会受人事的障碍，而能活得安然。所以，人到无求，最为高贵。

我们要过超越的生活，主要是为了庄严自己、超脱自己，为自己的生命寻找一个安顿身心的世界。

安心的生活

在生活中，人人都渴望安心的生活，因此写信问候时希望"平安吉祥"，过年春联会贴上"竹报平安"，要出门了总不忘提醒"快快乐乐出门，平平安安回家"，纵使遇到危险，也无不希望"转危为安"。可见"安心"是人人最基本的希求。如何才能安心地生活？有四点意见：

第一，要有美好的环境

所谓"近朱者赤，近墨者黑"，人受外界的熏陶影响很大，所以过去有"孟母三迁"，为的就是为孩子找一个美好环境，因为美好的环境，可以帮助我们净化身心，让我们能安心过一个好的生活，但它并不是别人创造好来给我们，而是我们每一个人自己要去美化环境。

外在的环境纵有欠缺，但我心里的情境要自己美化。像有的人欢喜美容、美发、美姿、美仪、美化语言、美化内心，甚至有些人帮助扫街、认养公园树木、维护环保，这些都是从内在到外在，为自己到为子孙，创造美好的环境。

第二，要有善良的师友

善良的师友，一般称为"良师益友"，在佛门里则叫作"善知识"，凡能引导众生舍恶修善，均可以称呼。他具备有"难与能与、难作能作、难忍能忍、密事相告、递相覆藏、遭苦不舍、贫贱不轻"七个条件，所以又称为"善友七事"。

推演开来，一个人不能离群独居，不但要有父母兄弟姊妹，我们还要有善知识的提携，自己纵有欠缺、不能圆满，有良师益友可以纠正我、鼓励我；自己纵有愚昧、懵懂无知，有良师益友可以启发我、开导我。

第三，要有合理的经济

一个人要生活，不能没有合理的经济生活，它是生存下去的基本要素，因此，古人说："衣食足则知荣辱。"但是也有人很有钱，可是取舍无道，这种金钱就是维护自己的生活，也没有什么意义。所以不管是将本求利，或辛劳所得，都必须要有合理的经济生活。

第四，要有净化的感情

所谓"情不重不生娑婆"，感情是生命的根源，人当然有感情的生活，因此称为"有情众生"。情爱如冬阳，可以融化冰雪寒霜，可以激发人性的真善美；但是，如果爱得不当，譬如爱的对象不对、观念不对、方法不对；爱得不正常、不应该，则不但会使双方产生烦恼痛苦，甚至因爱生恨，导致身败名裂，丧生灭顶。在佛教里并不排斥感情，但主张以慈悲来升华，以般若来化导。把自私占有的感情，转化成无私的道情法爱；把有选择、有差别的情爱，净化为"无缘大慈，同体大悲"的慈悲奉献，这样的情感生活才能更丰富、更隽永。

很多人祭拜，祈求神明保"平安"；社会的秩序、交通等，也要依靠警察维持"治安"。但我们不能永远靠外在的"保安队"来让我们安心生活，重要的是要从我们自己的内心做起，就像古来多少行者，参禅修道，也是为了求得一个"安心"。

世间生活

人在世间生存，都离不开生活；即使信仰宗教，也需要生活。因此，古代禅师大德们所谓的修行，不外乎"吃饭去""喝茶去""饥时吃饭，困来眠""我要去小便"；二六时中，哪里能离得了世间？所以，不管是不是宗教徒，都应该懂得正确地过世间的生活。以下有四点意见，提供给大家参考：

第一，要有人间进取的精神

一般人对信仰宗教者最为诟病的，就是太过冷淡，所谓"三冬无暖气，枯木倚寒蝉"，以为这样才是真修行。事实上，一个人有了宗教的信仰，更要有积极的力量，为人间去进取。黄檗禅师大喝"斩断你的双腿"，破除小乘的自了精神；道元禅师的"此时不晒，更待何时？"表现了把握当下的积极性。因此，修行不是畏头畏尾，不是踟蹰不前，如此才能发挥牺牲奉献、义无反顾、自利利他的大乘精神。

第二，要有乐观喜悦的说理

一个宗教徒和人家讲话，不一定开口闭口就是"看破世间""冤亲债主""赶快生天""往生净土"的言论，镇日"无常苦空"，只是照本宣科，不是真正体会缘起的真理。真正懂得信仰真谛的人，说话，要带给人信心，带给人希望，把法喜安乐让对方共同分享，那才是乐观喜悦的说理。

第三，要有资生利众的事业

一个宗教徒，不能天天想别人给我供养、给我厚待。我们穿衣吃饭，都是仰赖社会大众的护持，自己本身当然要有资生利众的事业。我种农田、我植山林、我兴水利、我造桥铺路、我生产、我培育人才、我教化度众……我能有很多资生利众的事业，我能恒顺众生的需求，我对这个社会人间才有贡献。

第四，要有悲智愿行的性格

中国大乘佛教，南海普陀山观世音菩萨，是代表大悲的性格；山西五台山文殊师利菩萨，是大智性格的表征；安徽九华山地藏菩萨，是大愿性格的实践；四川峨眉山普贤菩萨，是大行性格的典范。所以我们作为一个宗教徒，可以学习这四大菩萨悲智愿行的性格，将我们的信仰落实在人间。所谓"人成即佛成"，人间的责任道业完成，还怕将来不成佛吗？

每个人在世间生活，无不希望现在与未来都能无忧无虑；不管是像"热，到热的地方去；冷，到冷的地方"的快活烈汉，或者像"山高水长，柳绿花红；日照则温，风吹则凉"的温厚仁者，能实践以上这四种精神，则世间的生活才能真正到达至真、至善、至美的境界。

如何生活

在生活当中，虽有欢喜，但也有很多不能称心如意的事。有时候感到烦恼四起，或是人事纷纭扰攘，或是工作困难辛苦等等，身心总是不能安顿自在。我们应该如何生活呢？有四点意见提供：

第一，在工作中养息

每个人都要工作，如果你觉得工作是在度日子、工作是为了别人而做、工作只是换一口饭吃，那你可就辛苦了。假如你在工作中觉得与自己很有关系，在工作中发挥兴趣，在工作中展现价值，那么工作不仅不会给你压力，不是一种负担，甚至在工作中你可以转境、可以养息。文偃禅师的"在大便中乘凉"，洞山禅师的"到热的地方避暑"，这才是最高的境界。

第二，在烦恼中安然

人难免会有一些烦恼，佛教里有谓大烦恼、小烦恼、百八烦恼等，一般人也用"三千烦恼丝"来形容烦恼之多。在《六祖坛经》里，卧轮禅师说："卧轮有伎俩，能断百思想，对境心不起，菩提日日长"。惠能大师却说："惠能没伎俩，不断百思想，对境心数起，菩提作么长"。面对生活中的一切，能像惠能大师一样"不断百思想"，所谓"兵来将挡、水来土掩"，就可以不怕烦恼起。你能够在烦恼里面有定力，不为其左右、打倒，那么你就能安然自得。

第三，在复杂中单纯

人心的思维很复杂，事情的琐碎繁重也很烦人，不过你可以化繁为简，在复杂中把它单纯化。曾经有人问一位禅师："读经典的时候，遇到艰涩不懂的字，怎么办？"禅师回答："查字典就好了。"其实，许多事不必要想得太多。能干的人，复杂的事他可以把它单纯化；不能干的人，常常把单纯的事情复杂化了。

第四，在不悦中自在

在日常生活中，有时候难免有一些人事、境界令人不喜欢，如果你在不喜欢时还能自在，就表示你本身内心有力量。东汉大臣刘宽的女侍不小心把热汤泼在他的身上，刘宽却问女侍烫伤了没有？能有这种从容的风度、宽宏的度量，就会帮助我们在不悦中保持自在的心情。

生活的开展

　　无论城乡或地方，要有发展，才有繁荣的未来；不管企业或组织，也要开展，才有进步的空间。禅门修道，无不追求心地明朗，顿开疑惑；一般人的生活，除了吃饭、睡觉、工作、休闲，内心也要开展，生活才能更有内容、更有品味、更有希望。如何开展生活？有四点意见：

第一，会说，要说出欢喜来

　　你会说话吗？有的人只要一开口，总是说些泄气的话、伤人的话，我们称之为"乌鸦嘴"；有的人则琐碎闲谈，说东道西，尽说些没有意义的话，说了也等于没说。你会说话吗？最要紧的是，所说的话，要能给人希望、给人信心，尤其让人心生欢喜，自己也欢喜，大家都欢喜，因为宇宙之间，最美好的事，就是皆大欢喜。

第二，会吃，要吃出健康来

　　人都喜欢吃，有的人三餐一定要山珍海味，没有丰盛的饮食，他就觉得食不知味。然而吃得不当，吃出病来，身体受到损伤，真可谓"祸从口出，病从口入"，实在划不来。其实，吃也是一种艺术，真正懂得饮食之道的人，要知道自己身体适宜吃什么，是热的？是凉的？是有益的？是无益的？有的东西吃了甚至害人害己，像酗酒、吸毒等。另外，不含食而语，不嚼食有声，不以舌舐食，或是食时不生恼怒，不捡粗挑细，没有喜恶之分等等，这些都是健康而正确的饮食之道。

第三，会穿，要穿出气质来

你会穿衣服吗？有的人穿要名牌服饰，如果不能如此，就觉得今天出不了门。其实，穿衣最重要的是，要能穿出气质来。在佛门中，穿衣也是一种修行，既无需故穿破烂，也不必奢华，只要注重衣着的整洁、简朴，配合季节、场地，合乎自己的年龄、身份，给人健康、大方的印象，就是得体。若能效法菩萨以般若璎珞披体，以惭愧道德严身，更能展现端庄稳重的穿着品味。

第四，会玩，要玩出学问来

人的生活里，少不得休闲与娱乐。娱乐的生活并非纸醉金迷、放浪形骸，而要能陶冶性情，净化身心，才是正当的休闲生活。例如，旅行参访、游山玩水，或者运动游戏、集体锻炼活动等等。只要能适合自己的身份，运用自己的才华，就能玩出很多的学问、智慧、欢喜与成就，这才是娱乐的意义与价值。

每个人一天都有 24 小时，片刻也不能离开生活。如何增加生活的内涵，开展生活的意趣，要靠自己用智慧去营造，用真心去体验。

生活品味

人要工作，狼要捕食，牛要耕田，凡是有生命的动物，都需要为生活而努力。生活虽然必须奋斗，但也要有品味。什么是品味？有的人追求吃喝玩乐，有的人追求富贵荣华，有的人喜欢周旋人我是非，有的人只会游手好闲，这些都是不可取的行径。生活品味是能提升精神层次的活动，列举以下四点：

第一，琴棋书画，样样来得

生活应该有艺术品味。古代不少达官贵人，不只是一个政客，也是能吟诗作对、品竹调丝，甚至通达文韬武略的才子，如宋朝苏东坡，才华横溢，诗词歌赋、琴棋书画无不精通，因此培养了豁达潇洒，能自在看待人生的胸襟。一般人在忙碌中，也应安排出一些时间，参观美术馆、博物馆，参加读书会、共修会，或吟一首诗、唱一首歌，过一点舒畅身心的惬意生活。

第二，公益活动，事事关心

生而为人，取之于世间，用之于世间，当然也要回馈世间，因此要有服务人群的品味。世间上的事，除了自己的事，还有国事、家事、天下事，要能事事关心。关心的方式有很多，有的人推动心灵净化，祈愿祝祷，希望世间变得更好；有的人高声呐喊，口诛笔伐种种不当的行为；有的人付诸行动，加入环保扫街、服务助人等爱心义工行列，这些都可以提升生活的品味。

第三，休闲旅游，增加知识

古人说，"读万卷书，行万里路。"饱读诗书固然可以学富五车，若能行走万里，也可以真正了解人外有人，天外有天。生活中偶尔与三五好友到郊外游山玩水，甚至远游世界各国，也能自我提升。许多人旅游只为休闲玩乐，其实在旅游当中，若是用心学习，更能从旅游中了解不同民俗风情，学习新知，增加阅历，开阔眼界。

第四，观察自然，怡然自得

如果有时间，每天能抽出半个小时静坐，可以从宁静中找到生活的品味。也有人喜欢莳花植草或走出烦嚣的都市，把自己融入大自然之中，所谓"万物静观皆自得，四时佳兴与人同"，从赏心怡然中，能学习如花朵般给人欢喜，如山水般予人舒畅，如桥梁般供人沟通，如树荫般让人乘凉，如甘泉般解人饥渴；如此，在追求生活品味当中，更进一步创造生命的价值。

人生不能只是追求享乐、富有，人生也不要只做金钱的奴隶，应该增加生活的情趣，提高生活的品味。

生活的解脱

我们每一个人有不同的生活方式，有的人欢喜过居家的生活，有的人习惯过修道的生活；也有的人离不了世俗尘劳的生活，也有的人淡泊于清净出离的生活，各种的人，过各种的生活。生活的内容，有人以读书为生活，有人则以赚钱为生活；有人以职业为生活，也有人以旅行为生活；各式各样的生活，依人选择。而一个解脱者的生活是怎么样呢？我们可以欣赏一下：

第一，如山涧流水清澈透明

一个解脱者的身心，就好像山涧的流水一样，非常清净、非常清晰、非常透明，光明磊落，坦坦荡荡，巍巍乎、浩浩乎。解脱者的心境就像清泉，让人觉得沁凉明净。

第二，如岭上白云来去自如

所谓"竹密不妨流水过，山高岂碍白云飞"。解脱的人，如同山顶上那片白云，高山峻岭也挡不住它，因为它来去自如。在佛门有一句话："云水三千。"有人问这是什么意思？其实，它说的就是一个解脱者的生活，它像天上的白云飘得来，又飘得走；又像地下的河水流得去，又流回来。出家人行脚就是云水。云水到哪里去？

三千大千世界。所以，云水就是"行佛"。

第三，如花朵幽香芬芳自知

一个解脱者，他有自受用的生活，也有他受用的生活。因为他解脱了，他自有他的道德与修养，如同桂花的幽香，能够影响到周围的每一个人。历史上，刘禹锡在《陋室铭》直言："斯是陋室，唯吾德馨"；苏轼在《放鹤亭记》中说："子知隐居之乐乎？虽南面之君，未可与易也！"解脱的人，赞美超越的生活，显露芬芳的气质，自知而不骄慢，自信而不傲人。

第四，如江海明月自然映现

所谓"千江有水千江月"，一个解脱者如天上的月亮，你有了江，江里面就会映现月亮，你有了海，海里面也会映出月亮，无论你在哪里，解脱者的心境都是光风霁月。又有谓"万里无云万里天"，没有云的地方，天就会显现；解脱者，也像一片蓝天，他不给烦恼绊住，没有无明束缚，即使有了烦恼，也扣不住他，就是世间尘劳，也系不住他。只要解脱了，就不放在心上了。

因此，一个解脱者的生活，如山泉清澈、如白云逍遥、如花香自如、如明月映现，就是一个美妙的生活。我们社会大众，虽然身在红尘，难以完全解脱，但"虽不能至，心向往之"，这也是可以让吾人追求的。

卷三 | 开发自我

人，最好的教育，就是自觉、自悟；
懂得自我改善的人，
必能不断进步、成长。

自我经营

现代人做事重视计划、组织、管理，凡事都要经营，例如经营事业，经营家庭，经营人情。此外，乐智者经营利益，更经营文化；求仁者经营慈善，更经营道义；好礼者经营财富，更经营善友；慕道者经营快乐，更经营法喜。其实，人更要懂得经营自我。自我经营之要有四点：

第一，在学习领域内，要精益求精

人生是永无止境的学习，所谓"活到老学不了"，学习不是一时的，学习是一生的功课；学习也不一定只限于在学校里，举凡家庭、公司，乃至整个社会就是一所大学，提供给我们包罗万象的学习科目，穷毕生之力也学不尽。在学习的领域里，最要紧的是自己要精益求精，不要自满，不要自以为是，唯有精益求精地学习，才能更上一层楼。

第二，在工商社会中，要纵横交流

现代是一个信息发达、工商繁荣的多元化社会，每一个人从学校毕业后，都要进入社会工作。不管是经商贸易、工业经营，或是农业生产，都有各种的合作社、公会、农会等组织。说明这是一个注重群体合作、人际往来频繁的时代。在平时参加集会，与人际往来时要注意上下、左右的关系，也就是要竖穷三际，横遍十方。能够注意周围人际彼此的多种关系，才能捭阖纵横，任运自如。

第三，在人际空间里，要谈笑经营

人不能独自过着关闭的生活，尤其在人际关系互动频仍的现代社会，现代人已经和整个社会，甚至整个宇宙、世间、地球都紧紧结合在一起。在人际空间里，我们要懂得经营人际关系，要给人欢喜，给人利益，要在谈笑里面发展自己的事业。所以现代人要懂得幽默，不能太拘谨，不能太严肃，才能受人欢迎。

第四，在独自静处时，要心灵平和

紧张繁忙是现代人的生活写照，经历白天工作场中的纷纭动荡之后，到了夜晚独自静处时，不要再去想白天的人我是非，不要再为工作的好坏得失而伤神，应该让自己安然自在地享受心灵平和的精神世界，才有动力再出发。

有"经营之神"美誉的松下幸之助，一生除了事业经营得有声有色以外，他人性化的领导更是令人称道，这才是他真正最大的成功。所以，做人不但要经营有形的物质财富，更要经营无形的精神世界，这才是经营之要。

开发自我

盖一栋大楼，要开发土地才能兴建房子；设一间工厂，要开发新产品才有竞争力；农民种田也要开发新品种，才能增加收益。现在世界上许多国家都在开发海埔新生地，用来建机场、设工厂；也有的国家开发山坡地，用以植果树、设农场。开发、开发，举世都在积极地开发，但是真正重要的是开发自己，因为自己的心田里有无限的宝藏，有待我们去开发。如何开发自我呢？有四点意见：

第一，要自我觉醒

一个人如果缺乏自觉性，就会糊里糊涂，不知道自己所拥有的能源与财富，所以，一个人最要紧的是"自我觉醒"。如何自我觉醒呢？首先应该增广自己的见闻，充实各类的知识，增加自己的道德修养。更重要的是，要有正确的判断力，如此才能认真审视自我，深刻反省自我，在人生的道路上才能作出正确的选择。所以人要时时刻刻保持自我的觉醒。

第二，要自我肯定

众生累劫以来，一直在"五趣六道"里生死流转，慢慢地会将自己本具的佛性遗忘，而认为自己就是薄地凡夫。假如能开发自我的佛性，自我肯定"佛就是我，我就是佛"，我的心中有佛，就不会做坏事。所以人要自我肯定、自我期许，才能创造自己的价值，才能开拓自己的前程。

第三，要自我承担

一个人如果凡事都不敢承担，就会一事无成。反之，有承担力的人，才能接受磨炼与考验；有承担的人，才有责任感，才能积极投入事业，才能勇于接受逆境的挑战；有承担力的人，才能不怨天尤人，才能和合人群。有承担力的人，是对自己有信心的人，只有能承担的人，才能领悟人生的意义。

第四，要自我发展

人要有自我发展的心，才会进步，才能开创自己的人生。如何才能自我发展呢？首先要认识自己的潜能，发现自己的不足，并且要与时俱进，不断地自我充实，加强新观念、新技术与新知识。除了经常针对自己的不足而努力加强以外，并且要好好发挥自我的才能，积极投入社会，服务小区，如此自能发展出一个善美的人生。

学佛，就是要开发自己的真心，开发自己的佛性。懂得开发自我心里能源的人，才是一个智者，才是富有的人。

自我健全（一）

树木茂盛，众鸟就会云集；海洋宽阔，龙虾、鱼类才会聚集。做人要先健全自己，才能作他人的依靠。如何健全自己？有的人身体上眼、耳、鼻、身、四肢都很健全，但是心理不很健康，反不如残疾人能"身残心不残"。所以谈到"自我健全"的方法，要在思想上、心理上、观念上有如下四点正确认识：

第一，有钱不如有德

一般人都希望自己拥有钱财、富贵。但是有钱并不一定能解决问题，有钱也不一定表示这个人很伟大，有钱其实不如有德来得重要，来得可贵。你看，伯夷、叔齐虽然饿死在首阳山，但是拿人与之相比，人皆欢喜，因为伯夷、叔齐是有道德的人。反之，纣王、幽王虽然贵为一国之君，但是如果你把某人比之于幽、纣，则会生气，因为他们是无德之人。可见一个人因为有德而能永远活在人们的心中，远比拥有万贯家财来得重要。

第二，富贵不如满足

世间上有的人家财万贯，有钱有势，但不见得就能满足；或是有了财富也不懂得运用，只是贪得无厌，不断地妄求，这就是富贵的穷人。也有的人经济上虽贫无立锥之地，但是他看到世间的美好，每天都有欢喜心、满足感，虽没有财富，那也是富贵的人生，所以，欢喜、满足，才是人生最大的财富。

第三，求人不如求己

俗语说："登天难，求人更难。"一个人如果凡事都要求助于别人，这样的人生一定很苦。有人问："观世音菩萨手上为何拿着一串念珠，他在念什么？"答案是："念观世音。""观世音菩萨为什么还要念自己？"因为"求人不如求己"。所以做人要自我训练、自我健全、自我担当。

第四，颓丧不如振作

一般人做事，当遇到困难、挫折的时候，常常半途而废，甚至颓唐丧志、灰心丧气，从此一蹶不振，这样的人终会一事无成。须知"不是一番寒彻骨，怎得梅花扑鼻香"，愈是风雨如晦，愈要积极奋发；愈是横逆艰难的时刻，愈要鼓舞振作起精神来。所谓"失败为成功之母"，能够从挫折中汲取经验，才有成功的一日。

自我健全(二)

每一个人从小就在家庭里接受父母的教育,父母望子成龙、望女成凤,种种的教诲,都是希望我们能成才成器;在学校里,老师给我们的教育,所谓"希圣、希贤",也是希望我们能德学兼备;进入社会后,工作上的同事、长官给我们意见,给我们提携,也无非希望我们能不断进步。不过,光靠别人来教育我们、帮助我们,这是不够的! 一个人要紧的是自我健全。有四点意见:

第一,自知才可明白分寸

人贵自知,人不自知,一切后果就很麻烦。一个人不自知,就是不识大体,就是不懂得环境因缘,不懂得别人的需要,不懂得拿捏分寸,甚至不明白脚下,不知何去何从? 这就是不健全。

第二,自重才可不受诱惑

"人必自尊,而后人尊之;人必自重,而后人重之。"反之,"人必自侮,而后人侮之。"所以有时候受人侮辱、轻视,都是因为不懂得自尊自重,所谓"君子不重则不威",一个人不懂得自重,无法自我把持的时候,则容易受到外来的诱惑,自然也会招来无谓的侮辱,所以人要懂得自重,才可免于受侮。

第三，自立才可自主生存

俗云："靠山山倒，靠人人跑。"世间一切事虽然需靠众缘和合，但外在的一切都只是一种助缘，不能完全依赖，因为世事无常，随时都会变异，所以人要靠自己自立。人能自立，才能自主，才能自强，才能自发自动；如果自己不能自立，又怎么能立人呢？

第四，自信才可洒脱自在

佛经云："信心门里有无尽宝藏。"信心是我们的无上财宝，人要对自己有信心，所以在佛法里讲究要建立"四不坏信"，也就是：对三宝不怀疑、对四圣谛真理不怀疑、对师门道风不怀疑、对自己的真如佛性不怀疑。一个人如果对自己建立信心，则世间必无困难之事，所以不管走到哪里，都能左右逢源！因此人能自信，必能洒脱自在。

人要自我健全，不能光是靠别人；懂得自我教育，才能自我健全。

自我健全(三)

人要自我要求、自我健全，不要等着别人来要求我们。如果自己不自我健全，别人当然就要来要求你，说你这个不对、那个不好，到处都是毛病。假如我能自我要求，比方说，说话怎么说法，做事怎么做法，走路怎么走法，所谓"坐有坐相，站有站相"，能把自己的行仪都要求得很健全，别人自然就不会嫌弃我们。如何"健全自我"呢？有四点意见：

第一，德行高方能服人

《佛光菜根谭》说："以力服人，时间短暂，功效浅；以德感人，时间久长，功效深。与其用力服人，不如用德感人；与其用力做事，不如用德做事。"一个人权威再大，只能服人一时，无法让人真心地心悦诚服；如果自己有德行，例如做人诚信、行为正派、说话慈悲、待人宽厚、热心公益，凡事以身作则等等，你自己具备种种美德，所谓"德高望重"，别人自然就会臣服于你。

第二，度量大方能容人

一个人要想成大事，首先"能量"要大，也就是有"能力"之外，尤其"度量"要大，要能容人。例如，对于别人偶有过失，要宽恕他；

对于别人做事能力不足，要包容他，给他时间、空间学习成长，千万不能苛以待人，宽以待己。能以"责人之心责己，恕己之心恕人"者，才能容人；能有度量容人者，自然近悦远来，则何患不能成事。

第三，交谊厚方能知人

人与人初次相见，第一个印象虽然很重要，但是千万不能凭第一印象就断定一个人好坏，所谓"人心隔肚皮"，人还是需要经过相处，才能"日久见人心"。所以，跟朋友相交，你以虚伪、谄媚之心对人，日久对方自然会看出你的人格品性；唯有待人真诚、厚道，友谊才能长久。

第四，真情深方能感人

人和人相处，"真情"最能感动人心。历史上，许多帝王带领他的文臣武将，因为情谊深厚，所以赢得忠臣誓死效忠；不少主人对待老仆人如一家人，因此一跟随就是几十年，甚至终生不离，因为他们彼此都为对方的情谊感动，因此能长期相处。待人，真情一生就能令人感动；有了感动，自会尊敬你，为你服务，甚至为你牺牲。

所以，一个人先要"健全自我"，才能服人、容人、知人、感人；也唯有从待人处世当中，才能"自我健全"。

健全自我

身为人，最难能可贵的是能够修正自己的缺失，在心性、德行上，扩大生命的层次与领域。这就要靠点点滴滴自我教育、自我要求、自我学习、自我健全的功夫了。以下四个方向，可以锻炼我们的心性与身行：

第一，自我检查

《孟子·离娄上》："行有不得者，皆反求诸己，其身正而天下归之。"《增一阿含》中佛陀也告诫我们："不诽谤于人，亦不观是非，但自观身行，谛观正不正。"凡事把握现在，自我省察，反求诸己，了解自己的想法与行为，才能渐趋成熟，未来的脚步也才会更明确、更为稳健。

第二，自我训练

周利盘陀伽依照佛陀教导的方法，向自己的愚痴挑战，终能觉悟，成就道业；百丈禅师坚持"一日不作，一日不食"，不假他人，用功修行。古圣先贤莫不以自我训练而成就大业，所谓"求人不如求己"，要开发生命的潜能，唯有自己努力创造人生，才能到达。

第三，自我修正

六祖惠能大师说："改过必生智慧，护短心内非贤。"确实，一个肯自我修正的人，必定充满智慧。你看！阿那律尊者因为佛陀一偈，改正好睡之习，精进勇猛；鸯崛摩罗经过佛陀的教化，忏悔过愆，得到清净；德山宣鉴禅师认识到自己所学不足，抛却过去，而有日后的悟道因缘。勇敢面对自己的不足，自我修正，能开启我们生命的智慧，向上升华。

第四，自我承担

成熟的人懂得承担。承担过错、承担重任、承担磨炼、承担失败，甚至承担自己的烦恼生死大事。惠能大师"迷时师度，悟时自度"，赵州禅师"小便都得自己来"，都是告诉我们要自我承担。有承担力的人，就会有责任感，有信心面对一切。

明儒王艮在《王心斋语录》中说："其身正而天下归之，此正己而物正也，然后身安也。"凡事从自己出发，自我检查、训练、修正、承担，通过这些努力，我们的心性与德行能够日渐健全。

自我鞭策

一个想要成功的人，无论做什么事，都要全心全意地投入，如果心猿意马，懈怠懒惰，因循苟且，不但不能成功，反而还会成为失败的祸患。人生在世，即使父子至亲，在面临生死攸关的一刻都无法替代，更遑论其他身、口、意业，学业、事业、道业谁能替得？成功唯有鞭策自己，奋发自强，方能指日可待。以下提出"自我鞭策"四个法则，提供参考：

第一，修口业不妄言

修身之道，不外乎"谨言慎行"。古人说："言者心之音，行者心之影。"话语一出口，即象征着自己的立场与看法，理应为自己负责，岂能不慎。但是，也不能因为害怕祸从口出就闭口不言，当说而不说，亦是妄语。佛陀被尊为天人师，因为佛陀真语、实语、不妄语，是我们学习的榜样。

第二，重道业不懒惰

世间的学问是有漏法，会随时空变迁而异，唯有真理是历万劫而亘古长新，是我们生生世世都学习不尽的宝藏。人类因懂得探索真理而充满希望，然而佛法无边，唯勤是岸。所谓"法门无量誓愿学，佛道无量誓愿成”。唯有不断精进，才能让生命呈现风光霁月。

第三，勤学业不放逸

面对这个瞬息万变、日新月异的时代，只有不断地学习，才能适应外在环境的快速变迁，唯有不断地学习，才能获得新知，为自己开发生命的价值与成就。宋代大儒朱熹曾言："无一事而不学，无一时而不学，无一处而不学。"说明勤学不放逸的重要，等同于今日之"终生学习"的观念。"终生学习"，是人类面临新世纪的生存方式。

第四，创事业不苟且

唐朝李世民开创"贞观之治"的辉煌政绩，他为后人留下一句名言："创业维艰，守成不易。"无非说明自己一路行来，披荆斩棘、夙夜匪懈的艰辛困苦。所以，创办事业，绝非苟且可得。

《谏太宗十思疏》云："忧懈怠，则思慎始而敬终；虑壅蔽，则思虚心以纳下；想谗邪，则思正身以黜恶。"一国之君，固然要时时鞭策自己，谨慎言行；一个人的言行举止，旁人也会受其影响，加以学习或评论，因此不可不慎。

找到自己

自古以来，相传在深山、大海里，蕴藏着无限的宝藏，近代科学也已经证明，确实在山间、海底藏有丰富的天然资源。因此考古学家、探险家、旅行家、商业家们，无不千里迢迢，上山下海探取宝藏。

其实，心外的宝藏有限，真正丰富的宝藏是我们的"自性真如"，它隐藏在我们的心里，等着我们去挖掘，如何寻得自我的宝藏，仅提供四个方向：

第一，从佛像经书里，可以见到自己本来的面目

唐太宗说："以铜为镜，可以正衣冠；以古为镜，可以知兴替；以人为镜，可以明得失。"佛像、经书就如同一面镜子，是最能诚实反映真实自我；也是带领我们穿透迷雾，亲见本来面目的途径。

第二，从花草沙石内，可以认识自己内心的世界

宋朝苏东坡居士从山风吟啸，流水潺潺体会"溪声尽是广长舌，山色无非清净身。""郁郁黄花无非般若，青青翠竹皆是真如。"寒山禅师说："吾心似秋月，碧潭清皎洁，无物堪比伦，叫我如何说。"天何言哉？四时行焉，百物生焉。大自然的花草沙石里蕴藏着无边的法界，只要你有一点灵犀禅心，即可悟道"一花一世界，一叶一如来"。

第三，从拜垫禅椅上，可以坚守自己无限的生命

诸佛菩萨不需要我们众生的恭敬礼拜，乃是借由我们身体的礼拜，以认识自己永恒的生命，犹如"片石孤峰窥色相，清池皓月照禅心"。在一起一拜之间，升华自性，旷大生命。借由关闭诸根之妄动，摄持心念于专一，方能体会无边的世界，展现自我是佛的升华。

第四，从人我是非中，可以体会自己真实的宝藏

禅门诗云："闲居无事可评论，一炷清香自得闻，睡起有茶饥有饭，行看流水坐看云。"意喻不把人我是非揽自身，不举人过添烦恼，便不至于搅乱一池春水。唯识家说人我之间的是非好坏，都是我人自心之显现，因此若能堪破自他不二，心境一如，便能认识当下自我如如不动的真实宝藏。

学佛，学什么？念佛，念哪尊佛？学佛就是学自己，念佛就是念自心。

自律箴言

人要自律，自律才能尊重自他。一个懂得自律的人，必然也懂得安排自我的生活，日子必定能过得舒坦安乐。在近代政治人物中，张群先生活了 101 岁，他作了一首《自律歌》，成为许多人奉行的"养生之道"，在这里援引"自律歌"其中两句话，提供作为大家的"自律箴言"。

第一，日行三千步，夜眠七小时

"步行"是体育界、医学界公认为一种接近完美的最佳运动。有人到大陆探亲后发现，许多当地人的寿命都很高，因为他们习惯走路。佛教所谓"佛地千步走，活到九十九"。经典也记载"经行"有五种好处：能堪远行、能静思维、少病、消食、于定中得以久住。走路就是走向健康之道。

睡眠可以使身心凝定沉静，恢复身心精力与消除疲劳。但是，如果怠惰放纵，耽于睡眠，反而让人昏昧不觉，提振不起精神来。因此，一般人的睡眠只要七小时就好，睡眠时可作光明想，修习纯熟了，连睡梦中也是一片光明，养成这样的睡眠习惯，对身心的健康最有助益。

第二，饮食不逾量，作息要正常

"一切生命，要靠饮食才得以维持。《佛地经论》说："能任持身，令不断坏，长养善法，故名为食。"饮食吃饭可以维持我们的色身健康，吃得适当，也能够长养善法。所以，佛陀告诉波斯匿王："人当自系念，每食知节量，是则诸受薄，安消而保寿。"

唐朝白居易说："一日分五时，作息率有常。"真正有能力的人，工作和生活都很正常。他们懂得作息要均衡，太忙太闲、晨昏颠倒，都无法冷静思考或循序渐进解决问题。佛门里也强调，五堂功课正常，意思也是生活作息要规律正常。

第三，心内怀慈悲，口中出妙香

人生最高的美德是慈悲，慈悲的人会用柔软的心灵关怀众生，用慈爱的眼神看待万物，用真诚的话语随喜赞叹，用勤劳的双手广做好事。慈悲的缘分可以美化生活，增进和谐；慈悲的音声让人终生难忘，令人如沐春风。所谓"口里无嗔出妙香"，口里没有怨声，内心就能太平，与人相处说话，没有讽刺，没有恶口、妄言、绮语、两舌，如《金刚经》所说的"真语者、实语者、如语者、不诳语者、不异语者"，话不含刀带刺，不伤害到别人，就能"口出妙香"。

第四，念念持正法，菩提日日长

"正念"就是正当的思想、正当的思维、正当的见解。禅堂里，维那师父经常高喊："提起正念。"过堂吃饭时，维那师父也会唱诵"大众闻磬声，各正念"。就是提醒我们，二六时中，要保持正念。正念可以对治妄念，医治我们的烦恼。有正念的人会坚定信念，不断地重建自己，身常行善事，口常说善言，心常存善念，以身、语、意三业之正行、正语、正念，可以利益众生，增上菩提道心。

　　世间的校规、法律是来自外在的约束，属于他律；佛教的戒律则是发自内心的自我要求，属于自律。自律是设身处地，将心比心地为他人着想。自律的人，不自恼，不恼人，生活有道。

自在之法

人都不想被人束缚，而希望自由自在地过日子。但是，自由自在不是心想就有的，我们每天生活里，常常被名枷利锁束缚，被烦恼忧愁束缚，被人我是非、得失有无束缚，怎么能解脱自在呢？所以，"束缚"有时并不一定来自外面的环境、人事，而是自己内心的自我束缚。那么如何才能解脱自在呢？有四点意见：

第一，要能放下荣辱

荣耀人人希求！但是，有的人"求荣反辱"，有的人守着"一时的荣耀"自我陶醉，结果一事无成。因此，荣耀来时，不能患得患失；甚至不管光荣、侮辱，要能放得下，不要光荣来时就满心欢喜，受到了侮辱就难过，如此生活怎得安宁？能够"荣的由它荣，辱的任它辱"，自己心中自有好坏的标准，而不受外境左右，自然就能自在了。

第二，要能放下名利

"希名求利"，这本是人的天性；适度地追求，无可厚非。但是如果名利心太重，天天看着股票，心思都随着股票的涨停板、跌停板而起落，甚至汲汲营营，忙着到处逢迎拍马，希望名利双收，其结果不一定能"名成利就"，反倒被"名枷利锁"给束缚了。所以人要能放得下名和利，不受名利的羁绊，人生才能自在。

第三，要能放下得失

人的一生，不是得，就是失；得失之间，往往得中有失，失中有得，得与失不是绝对的。但是一般人把得失看得太重，在得与失之间比较、计较；吃了一点亏就放不下，讨了便宜也不见得带来快乐，只有徒然增加内心的重担，让自己在得失之间背负无形的担子。所以，一个人要想求得心灵的解脱，首先要能放下得失之心。

第四，要能放下欲望

人的生活里，离不开"财、色、名、食、睡"等五欲的追求。为了欲望的满足，每天钻营、奔走，为欲望而忙碌、辛苦。但是欲望就像无底深渊一样，何能有满足的一天？所以人往往做了欲望的奴隶而不自知，为了欲望而心事重重。人唯有放下欲望的贪求，才能去除心中的负担，才能解脱自在。

何谓解脱的人？放下！何谓自在的人？放下！能放下心中的负担，就能解脱自在。例如一只皮箱，用时提起；不用时，要能放下。时时提在手上，就成为累赘，成为负担。

自我觉察

一般人，常常都是用两只眼睛看着别人，每天都在省察别人，分别这个好、那个坏，评论这个对、那个错。其实，人生最重要的，是要省察自己。那么要怎样省察自己呢？有四点意见：

第一，念高危，可以谦冲而自牧

有的人处高位，以为从此可"一览天下小"，所以胡乱号令他人，把威势使尽。其实，越是居高位者，所谓"高处不胜寒"；地位愈高，不懂得谦冲自牧，就有累卵之危。所以身居高位者，如果察觉危险的话，必懂得谦虚待人，继而不断自我反省、自我充实、自我要求。

第二，惧满溢，可以江海纳百川

"满招损，谦受益。"一个人如果自满，就好像一杯水，满了就会溢出来，就无法如江河大海一样成其大。所以做人要谦虚，要像江海容纳百川，又如高山不辞土壤。一个人肯不耻下问，不计高下地去友爱他人，相对地也能获得别人的友谊，而能缘多成事。

第三，享富贵，可以济困顿贫穷

一个人享有富贵荣华，这是自己的福德因缘所成；只是世间无常，一切都是因缘所生法，富贵未必能长久。有这种省察与觉悟的人，当他在享有富贵的时候，必会想到还有很多生活困顿的人，有待施予救济。有了这样的慈悲一念，种下了济困的因，将来必定还会享有富贵的果；否则富贵享尽，一旦势尽力穷，即使想施贫穷，也无能为力，因此为善要及时。

第四，掌权势，可以助黎庶百姓

一个人有了权势，可以用来欺压良善，也可以用以造福苍生；是善是恶，往往只在一念之间，就看自己的良知与悟性。所谓"公门里好修行"，一个掌权势的人，懂得体恤黎民百姓，自不会用权势去鱼肉人民，反而尽力帮助他们解决苦难。

所以，一个懂得时时自我省察的人，不但本身可以处世无患，也可以利益他人。

自设的陷阱

我们在社会上立身处事，有时候别人为我们设下许多陷阱，让我们身陷其中而无法自拔。不过更可怕的是，有不少人是自己为自己设下了陷阱，自己却不自知。自己在自设的陷阱里不能超越、不能解脱，自己把自己束缚起来，那才是最可悲，也是最可惜的事。什么是自设的陷阱？有四点看法：

第一，忧会天地皆窄

有的人一直在忧愁苦闷里想不开，如果忧愁想不开的话，则天地虽宽，自己的世界却很窄小；就如天空虽宽，一旦被乌云所覆，则日月也会暗淡无光。所以人要走出忧愁，心境才能开朗，世界才会更宽广。

第二，怨会到处为仇

有的人跟人结怨，凡事不朝好处去想，见到人不是像乌鸦嘴乱说话，就是像互相扑斗的公鸡，到处跟人战斗，到处与人树敌结仇，到处无法和人友好相处，那就是自我设下了陷阱。

第三，哀会自己束缚

有时候我们常常在不知不觉中自怨自艾，感伤自己没有生在富贵之家，怨叹自己生不逢时。或是怀恨朋友欺负我，社会也对不起我，甚至觉得世间所有一切都给自己麻烦。其实，当一个人遇到困难不知反省自己，只会怨天尤人，这就是自己束缚自己，不能全怪别人。

第四，怒会大敌当头

佛经云："一念嗔心起，百万障门开"、"嗔心之火，能烧功德之林"。有时候我们常常心怀嗔恨，怒气中生。一个人只要一生气，就会失去理智，就会为自己树立起许多的敌人，障碍、麻烦自然跟着而来，甚至平时尽管累积再大的功德，也抵不过一念的嗔火之猛烈。

超度自己

佛教讲诵经超度，道教也有作法普度，基督教要祈祷得度，任何一个宗教都希望大家可以得度。其实，我们不一定要超度鬼魂、祖先，超度自己才是最重要的。

究竟如何超度自己呢？有四点看法：

第一，超度冤亲可以广结善缘

明朝冯梦龙《醒世恒言》说："生事事生何时了，害人人害几时休；冤家宜解不宜结，各自回头看后头。"世人皆希望世界早日和平，却仍然战祸连年；家庭皆希望和谐相处，家暴事件却层出不穷，这都是因为彼此把对方当作冤家聚头所致。因此为求世界大同、人民安乐，人人当以平等心待人，不分怨亲，大家同体共生，如此才能广结善缘。

第二，超度妄念可以获得正觉

当你妄念纷飞的时候，很难看清事实的真相；妄念停止了，心里的清明正觉自然就会显现。就如搅动污水，越是搅动，则水质越是混浊；当你停止搅动，污泥沉淀杯底，清水则能自现。

第三，超度悲伤可以到至安乐

一个人经常忧愁，则身心不能调合。孔子说："其未得之也，患

140

得；既得之，患失之。"人总是在患得患失中，把自己弄得烦恼横生，为了获得安乐，就必须转化悲忧为欢喜，超度了忧愁就会得到快乐。

第四，超度自己可以获得解脱

人之所以不能得度，原因很多，最重要的在于贪欲、嗔恨、愚痴不停，心中的怨气、杂念、忧愁、苦恼太多，假如我们能把心中的烦恼无明都超度了，就能获得喜舍、慈悲、光明、平等、正觉、安乐、解脱，这将是多么美好的人生！

自制的力量

一个人要有力量，不是用拳头打人，也不是以恶语骂人就有力量。最大的力量是从内心自发出来的，也就是要有自我克制的力量、有管理自己的力量。有四点意见：

第一，不偏信而是非不明

古人把进谗言的小人斥为"谗夫"，故有"谗夫毁士"之说，像韦郢公慷慨节义，终困谗夫。一个人只要贵耳贱目，心就容易被障蔽，就容易为奸佞所骗；像社会上的诈骗团伙，最常使人上当的蒙骗伎俩，就是取人的偏信心态。所以佛教讲究正信，要我们在心上专一谛听，就包含善听、兼听与全听，让我们前进的舟船，有个正确无误的方向与航道。

第二，不任性而情绪不稳

人，常常容易任性，喜怒好恶随自己情绪高低而定，在应该欢喜的时候他不欢喜，应该伤心的时候他不伤心，这种情绪性格，就是没有自制的力量，没有管理自己的力量。佛陀曾教示弟子要"不受第二支箭"，也就是不要因无明烦恼而引生更多的恶业，导致自己再受更多的苦。

像《孙子兵法》说："主不可以怒而兴师，将不可以愠而致战。"就是很明智而理性的态度。因为怒而兴师出战，很可能决策失误，损兵折将，所以人不可负一时之气，率性而为。

第三，不恃长而显人所短

有一种人，自以为很会讲话、很会做事、很会计划，因此傲慢而好表现。殊不知自以为是、恃才傲物的心态，正容易暴露自己的短处。像《三国演义》里的祢衡，初见曹操军营中机深智远的谋士、勇不可挡的武将，都视如无物，却狂妄自我吹嘘，终于因此被砍脑袋，做了无头狂鬼，也就回不了头了。所以，天不说自高，地不言自厚，"厚道"之理，深有意涵。

第四，不愚拙而忌人所能

有的人因为自己不足，反而忌人所能；有些事情自己做不到，相对地就阻挠别人的成就。这种自己没有得到甘旨，也不让人获得利益的心态，就是没有自知之明；嫉妒人家之能而不以为学习榜样，难道就会有所得吗？历史上，法家思想集大成者韩非，因受同门李斯相忌而入狱，悲剧以终；反之，诗仙李白溢美崔颢于黄鹤楼题诗，甘拜下风，成为历史佳话，值得后人学习。

儒家云："克己复礼"，就是人的一种自制力量，而在人际往来上，就是一种和谐的交流。

改善自己

　　人都有一些陋习，有一些不好的习惯，需要时时自我改进；甚至有一些不好的观念、不好的行为，也要不断地自我改进。懂得自我改进的人，才能不断进步；"墨守成规"，理直气壮地认为"我本来就是这样"，那么就永远没有进步了。怎样"改善自己"？有以下四点意见：

第一，消极不如积极

　　有的人性格消极，在平常生活里，就是一副懒洋洋的样子，不但凡事提不起精神，也提不起勇气。对于个性、思想消极的人，需要改进；消极的人生什么都不是你的，什么也不能获得。人，必须化消极为积极，以进取的、勇敢的态度面对人生，天下才有你的一分。这个世间，凡事都要自己一步一个脚印地去实践、争取，才能拥有自己的天空。

第二，被动不如主动

　　有的人性情被动，就像棋盘上的棋子一样，你动他一下，他就走一步；你不动，他就不走了；被动的人，凡事等着别人来要我们做，这样的人必定一事无成。所以，凡事做善事，要能主动去做；工作，要能主动去加油；好人好事，也要主动去表现。这个世界掌握在谁的手里？毫无疑问的，掌握在主动者的手里；唯有主动积极参与的人，才能融入大众，才能扩大自己的生命。

第三，悲伤不如快乐

有的人不但个性消极、被动，而且悲观。他对自己的前途悲观，对自己的事业悲观，对家族的未来悲观，对朋友，甚至对国家社会的发展，都觉得没有希望。有一则故事说，有一只小狗老是在转圈子，想要咬自己的尾巴，因为有人告诉它，幸福快乐在尾巴上！可是它一直咬不到尾巴。后来大狗告诉它："其实幸福就在我们的前面，只要你向前走，幸福就会跟随着你。"所以，悲观的人要换个心情去想，世间就不会如此的愁云惨雾；你能化悲伤为快乐，能够积极乐观，对自己充满信心，快乐自然就会围绕在你的身边。

第四，刚强不如柔和

"自古刚刀口易伤，从来硬弩弦先断"，有的人性格很暴力、很刚强，动不动就跟人怒目相向，甚至拳脚以对，如此不但伤人，而且到处树敌，最终伤害最大的是自己。其实"柔能克刚"，能够以"柔和忍辱"的态度跟人相处，让人如沐春风，必能到处左右逢源，无往不利，所以柔和才是处事做人的妙方。

人，最好的教育，就是自觉、自悟；懂得自我改善的人，必能不断进步、成长。

自我雕琢

《三字经》说："玉不琢，不成器；人不学，不知义。"其实，人如玉石，也是要不断地与朋友互相切磋、琢磨，尤其要不断地自我雕琢，才能越来越圆融，越来越成熟。如何雕琢自我，有四点意见：

第一，智慧要能开发

智慧不是口里说的，也不一定是记在书本上；真正的智慧是在自己的心里，开发自己心地的智慧，佛教称为"明心见性"。心地的智慧一开发，"大圆镜智"一现前，宇宙间的形形色色、森罗万象无有不明。智慧不同于世智辩聪的知识，所以智慧不从外求，而是要从内心去开发。一个人有了般若智慧，就能明白真理。

第二，性情要能调和

有人的脾气很大，他说我生来就是如此；有的人生性懒惰，他也理直气壮，认为我天生就是这样。甚至有的人贪欲心强、有的人好与人斗；不管如何，性情不要有太多的暴力、太多的意气用事，或是过于任性与情绪化。我们要通过后天的雕琢、修正，让自己的性格变得和谐，才能见容于社会。

第三，处事要能乐观

人际相处，难免会遇到不如己意的人。有的人稍有不顺，就灰心失望，认为我不需要交你这个朋友，我不必要再作无谓的努力。其实，人生不如意事十之八九，我们应该带着乐观的心情，不能对人要求太多；你嫌他不好，就是因为他不如你，如果你能慈悲一点，反过来帮助他，一切都会改变。所以，只要我们用乐观的心情处事，人生会变得更美好。

第四，德行要能健全

人我相处，必须靠道德来维护，道德观念有多重，人格就有多高；以道德节义与人交往，则品德自然清高。所以，我们要雕琢自我，要改善自己的行为，要健全自我的德行，而不是要求别人；要求别人，不如要求自己。

人要在社会上立足，除了要有健康的身体以外，最重要的就是雕琢自己的智慧、心性、思想、德行，让自己健全起来，才能发挥自己的能量。

自我进步

俗语说："学如逆水行舟，不进则退。"其实不管为学或做人处事，每天都要有所进步；如果墨守成规、原地踏步，就是落伍，就会被时代所淘汰。所以，每个人每天都要比昨天好、比昨天进步，因为有进步，才有成就感，有进步才能足堪自我安慰。那么如何才能自我进步呢？有四点意见：

第一，以苦读砥砺志节

你想要有所进步吗？首先就是要变化气质。怎样变化气质呢？你要读书，要砥砺自己用心于学问上。古人"凿壁借光"、"悬梁刺股"，都是苦读有成的最佳典范。但是读书不是为了贪求富贵，不是为了找到好的职业；读书是为了明理，为了变化气质。过去讲"文人雅士"，不粗鲁、不俗气，文质彬彬，很有气质，很有节操，很有骨气，这才是读书人的风范。

第二，以忏悔自我更新

人要守礼守法，以礼法来规范自己的行为；就如火车行走在轨道上才安全，汽车遵守交通规则才平安。一个人如果行为有了偏差，要懂得忏悔；忏悔如法水，可以清净我们的身心。就如衣服肮脏了，使用清水洗涤一下，就能恢复清洁，所以人要懂得忏悔，才能不断自我更新、自我进步。

第三，以和谐与人相处

你想要进步，最重要的就是要做人处事。做人处事要讲究和谐，如果你和人相处，经常跟人唱反调，不断跟人相斗、抗争，甚至跟人比较、计较，让人觉得与你相处是一件痛苦的事，那么你会到处没有人缘，到处惹人嫌弃。因此，人际相处，最重要的是，要给人感觉你有和谐的个性，这才是做人最大的成功。

第四，以信仰净化身心

一个人，不管你是信仰哪一个宗教，总之，你要有一个自我的修持，自我的修道。因为唯有用"道"来净化自己的身心，才能完成自己、圆满自己。

自持之方

现在社会上很流行管理学，举凡企业管理、财务管理、档案管理、人事管理，甚至情绪管理等。其实人最需要的是自我管理，每一个人如何管理自己？如何自持自己的身份？有四点"自持之方"提供大家参考：

第一，宠利不居人前

在事业上、公司里，有了荣耀、利益时，不要抢在人前，有时厚道一些，分一点好处给别人，不仅可以利人，也可以自保。《尚书》云："臣罔以宠利居成功。"清朝的年羹尧，官拜川陕总督抚远大将军，被封为"一等公"，却因为功大而骄，后为雍正所忌，群臣纷纷上章弹劾，招致下狱而亡，这就是不懂得"宠利不居人前"。因此《菜根谭》里也说："行不去处，须知退一步之法；行得去处，务加让三分之功。"

第二，德业不落人后

"立荣名，不如种隐德。"一个人的财富、事业、学问、名誉，可能因为能力、聪明等条件不一，而有多寡、高低的差异。然而一个人的道德、慈悲、人格、惭愧……种种德业，不会因外在的因素而有不同。人比人，气死人，但德业不会，我们宁可什么都没有，德业不可以落人之后。"一句真理无价宝，比金比银万倍好；人间道德无价宝，比山比岳万倍高。"因此，我们要时常发愿，慈悲要多一点，道德要高一点，惭愧心要大一点，"行之苟有恒，久久自芬芳"。

第三，享受不逾分外

人间有很多的享受，吃得好、穿得好、住得好，到处旅行、游玩……这些都是享受。甚至被人赞美，是一种享受，受人爱护、照顾，也是享受。不管你得到多少享受，最重要的是不可以有逾分外。凡事超过了并不是福气，例如在工作上，我一天的价值多少？我一个月的薪水多少？应该得的，我得，分外不应得的，得到了，并不是很好的事情。所谓"勿以少分的学德，博取多分的荣誉"，所以，在恪尽职责上，不必小看自己；在享受权利上，不要膨胀自己。

第四，言行不偏中道

《佛光菜根谭》说："行为可以看出做事能力；言谈可以察知品德修养。"有用的一句话，胜过无益的千言万语；有益的一件事，胜于无用的千辛万苦。可是，一般人做人处事、言行之间，常常不是太冷，就是太热。欢喜的时候，说出来的话失言；愤怒的时候，做出来的行为失礼。或者对人不是要求过严，就是要求过松。假如能在自己的言行上，不冷不热，不求不拒，以中道为准则，最是适合。

调御己行

　　人是群居的动物，我们不可能离开人群独处，因此，日常生活里免不了要与人接触，所以人际相处之道，是不可忽视的学问。孔子所谓"克己复礼"，就是要以礼来调御自己的言行，约束自己的举止，有礼才能不侵犯他人、尊重他人，以礼来调御自己，才能遵守社会道德。关于"调御己行"，有四点意见：

　　第一，欲人勿闻，莫若勿言

　　讲八卦、听八卦，这是人的天性，我们常听人说："我告诉你一个秘密，你不能告诉别人噢"！结果，不到几天的时间，这些话又由第三者的口中，传到了你的耳里，而且传话给你的人还会说："告诉你，你不能告诉别人噢"！俗语说："朋友就是将你的秘密'不小心'传出去的人。"在寓言故事《国王的耳朵》中，我们了解到，要别人守住秘密，是自他都痛苦的事情，所以，若要人勿闻，莫若己勿言。

　　第二，欲人勿知，莫若勿为

　　俗语说："若要人不知，除非己莫为"，《后汉书》记载东汉安帝时，有位性好逢迎的昌邑县令王密，在夜深人静时，抱了一袋黄金赠送给太守杨震，并告诉他："暮夜天黑，只有你我二人，请放心收下，不会有人知道。"杨震怒斥："天知、地知、你知、我知，怎么会没有人知道！"只要你做出来的事情，就不可能没有人知道，所以欲人勿知，莫若勿为。

第三，欲人勿谎，莫若勿苛

《菜根谭》云："攻人之恶，毋太严。"如果你希望周围的人都能对你忠诚以告，不要有不实之语，你在待人处事上，就不能太苛刻，否则别人怕讲出实话会被你责骂，只好以说谎话来自我保护。同样的，如果你能常给别人机会，适时给他人协助与关心，对方才敢跟你说明真相，所以欲人勿谎，莫若勿苛。

第四，欲人勿纵，莫若勿严

俗语说："教人以善勿过高，要令其可从。"有些父母，为了要子女成龙成凤，而造成孩子的学习负担，孩子在承受不了沉重的压力之下，只好放纵自己与恶友往来。所以，我们和人相处，要以尊重对方的态度，引导对方主动向上，才不会如施压过久的弹簧，造成弹性疲乏，即使想恢复弹性，已无法挽回，因此，欲人勿纵，莫若勿严。

人际相处之道是人生的重要功课之一，也是生活质量好坏的要件，一个人如果懂得"调御己行"，才能让他人乐于与我们相处，因而获得良好的人际关系。

自我进德

做人有两个最大的课题，一是如何有益于人，一是如何自我进德。关于如何"自我进德"，有四点意见：

第一，见人善行，多方赞叹

我们看到别人做好事，要给他赞美；知道某人是善心人士，要给他赞扬，这就是佛教所谓的"随喜功德"。做人要有随喜、随缘的性格，也就是说，当你看到有人说好话，你要赞叹他说得好；看到别人做好事，你要赞叹他做得好。凡是他人所言、所行，每有可取之处，你都能给予赞叹，所谓"口中无嗔出妙香"，口里经常赞叹别人，就会散放慈悲智慧之光，甚至常常用好言好语对待别人，那就是自己获得人缘之道，未来的路会愈走愈宽，会到处受人欢迎，这就是自己的方便，就是自己用不尽的宝藏。

第二，见人举过，多方自省

有人批评我们，说我们这个不对、那个不好，也不必做太多的说明、做太多的辩解，甚至针锋相对，严词驳斥。见人举过，即使不能"闻过则喜""闻过则拜"，至少要多方自省，我有做过这样的行为吗？我有说过这样的话吗？你懂得自我反省，就容易找到自己的过失，就容易改进，自然也就容易进步了。

第三，闻人好语，多方奋勉

有时候别人也会给我们赞美、鼓励、表扬；听到人家说我们的好话，不要太自我陶醉，也不要太自我得意，不要以为别人赞美我是应该的，自己要有一种惭愧、反省的心，觉得我自己做得还不够好、不够多，因此要更加奋发、勤勉，希望赢得更高的荣誉，获得更好的成绩。

第四，闻人谤言，多方警惕

当别人毁谤我、批评我的时候，怎么办呢？其实也不必生气，能把对方的批评、毁谤，当成是给自己的一个警惕，甚至怀着感恩的心，感谢他给自己一个消灾、忏悔的机会，如果你能这样想的话，自己就能增德进业了。

人，必须时刻躬身自省，才能进德修业；凡事不忘自我检讨，必能进德修业。尤其，每天在思想上、观念上都能大死一番的人，对自我增品进德，必定大有帮助。

自求多福

在家庭里，孩子会跟父母撒娇争取宠爱；在学校里，学生会跟老师耍赖要求加分；在公司里，员工会跟老板暗示希望加薪；平时，我们会跟亲友往来培养助缘。其实，外在能给我们的东西毕竟有限，有时也要看我们的福德因缘；福报缘分不具，强求不得。真正的福德因缘，不是到外面去求，而是向自己求，要求自己，自己健全了，福报不求自来，所以人要"自求多福"，有四点意见提供参考：

第一，求财不如勤俭

宋朝朱熹先生在《近思录》提到："懈意一生，便是自暴自弃。"我们想要发财，如果懒惰不事生产，财富不会自己从天上掉下来；想要发财，必须生活朴实，省吃俭用，加上勤劳努力，日积月累，财富自然会不断增加。

第二，求名不如随分

很多人都希望自己成为有名望的人，名望不是靠别人平白奉送，要靠自己积功累德，自己健全。有的人一心追求名位，只为满足个人的虚荣心及欲望，结果贪得无厌或过分执着，就容易陷入名利的大海里，患得患失而忧苦终日，难以自拔。因此，追求名望最好的方法，就是自己随分；能够如实随分，因缘到了，名望自然会来。

第三，求助不如结缘

人的一生，难免会有需要别人帮助的时候；当我们需要时，能够适时提供助缘的人，就是我们的贵人。我们生命中的贵人在哪里？贵人就在结缘里。平日与人广结善缘，因缘自然会回馈于你。所以，求人帮助，不如自己主动跟人结缘，此即所谓"与其坐待因缘行事，不如创造因缘机会。"

第四，求福不如修身

人都希望自己是个有福报的人，得福报，也要有条件去享受福报。有的人一边赚钱，却一边浪费；有的人一边烧香祈祷，离开寺院教堂就恶口嫉妒。甚至有人祈求健康长寿，却暴饮暴食，生活无度，这些都把自己的福报功德漏掉了。因此我们要修养自己，身心健全了，自然多福。

俗云"生天自有生天福，未必求仙便成仙"，自己不努力行善，自求多福，却祈求神明、佛祖赐予，这有违因果道理。如经典所载，有人看到油在水上漂浮，祈求神明让油沉到水底去；看到水里有一块石头，祈求神明将石头浮起来，这当然是不可能的事。因此，我们想要求得福分，必须靠自己努力奋发！

战胜自己

要改变别人很容易，要改变自己很困难；战胜别人很容易，战胜自己更困难。所谓"江山易改，本性难移"，世间最可怕的敌人不是别人，而是自己，因为我们过去有种种的习气、观念，很难一时之间说改就改。好比一位老烟枪，明知道抽烟对身体不好，就是难以戒除；就像爱生气的人，明知道生气不能解决事情，就是难以控制。所以要想改变自己，必先要战胜自己。如何战胜自己？以下提供四点战略：

第一，用虚心粉碎我慢的高山

我们有一个很大的敌人，就是"我慢"。经典上说，我慢的人，视"我"为一己之中心，由此执为"我"形成骄慢，就像高山一样，把自己树立起来，目空一切，结果不但无法和别人沟通，也障碍了自己的因缘。要进攻我慢的高山，唯有用虚心低下做武器。虚心，能够消弭人我之间的隔阂，拉近大众的距离；低下，就不怕会受到委屈，就不怕别人看不起，这是粉碎我慢高山的最高本领。

第二，用智慧降伏无明的魔军

我们的第二个敌人是"无明"。无明，让我们不能如实知见、不能通达真理、不能理解真相。它使我们内心失去了光明，污染我们清净的本性。就好像是魔王军队，盘踞在我们的身心里，阻遏我们勤劳向上，诱惑我们偏离正道。

怎样才能打倒无明的魔军呢？般若智慧。有般若智慧，就会明理，觉知世间一切诸法虚妄，不起分别风，不刮对待雨。智慧，就是一盏能够点亮众生心中的明灯，引导迷津，唯有智慧才能降伏无明魔军。

第三，用正观对治贪欲的恶贼

我们身心里潜藏着贪欲的恶贼，禁不起外境的诱惑，看到这个，就想要占有；听到那个，也想要掠夺，永远无法满足。即使获得，也会害怕失去，执着难舍、患得患失。这种贪欲的恶贼，使我们整天忙于追求，无法自在。

要对付贪欲的恶贼，就要用正观来对治。正观就是正当的看法，明白是世间的法则真理。世间所有一切都是因缘和合而成，生灭聚散，会拥有就会失去，若能如是观察，拥有时你会珍惜，缘去时也不会过于懊恼，这就是正观。放宽心胸，能够利他利众，就不会被贪欲所打败。

第四，用菩提超脱生死苦海

人生无法逃避的，就是老病死生，感到最痛苦、最无奈的，也是生死苦海。经典用"头出头没"来形容众生在生死大海的情况，因为你不知道什么时候沉沦，不知道什么时候会脱离，永无出期，轮回不已。

要超脱生死苦海，唯有发菩提心。菩提心就是慈悲心。因为他有慈悲的力量，故他"智不住诸有，悲不住涅槃"，对家人、社会、国家、众生，心怀"上弘下化"的使命和责任；因此他有力量，不怕轮回，征服生死洪流，以愿力自度度人，脱离苦海。

古人言："学如逆水行舟，不进则退。"人生也是一样，一直不断地向自我挑战、自我超越，才能自我提升。

尊重自己

人生最重要的是要认识自己、尊重自己、肯定自己。一个人唯有自尊自重，才知道奋发有为，如果都不知道尊重自己，没有自尊心，则人不像人，又何能寄望功业有成？因此，如何尊重自己、发挥自己，就是一件重要的功课。以下有六点参考：

第一，工作要计划

人要生存，就必须工作。一个人如果不肯工作，就会变成懒散闲人，不但失去生活目标，也无法找到自己生命的定位。要工作，就要有计划，有计划，才能事半功倍。尤其现今信息时代，任何事都讲求效率，事前就应做好准备，不是遇到才商量、才计划，如此才能发挥最大效能。

第二，做事要负责

一件工作的交代，就是责任的赋予。你承担了一句话、一件事，就要有一种"坚持到底"的精神，戮力以赴，完成使命。这种责任感，是人生应有的基本态度。如果你不尊重自己，推卸不负责，下次，别人又怎么敢将重任托付与你？

第三，人生要乐观

烦恼是人生的"实相"，就是因为人生烦恼，所以更要乐观。倘若你做什么事，都是苦苦恼恼，心不甘、情不愿。那么，又能成就什么？反之，如果能转化念头，心甘情愿，乐观生活，即便只是一件小事，也能从中肯定自我，不断积累，人生的价值就会不同。

第四，态度肯进取

世间一切没有"最好"，只有"更好"，无论做什么，进取的态度就很重要了。进取是一种力量，是一种精进，一种勇猛勤策、不断向上的精神。有了这种精益求精、进取精进的力量，不懒惰，不停顿，就能推动我们向前，迈向成功。

第五，处事具前瞻

有句话说："大丈夫争千秋之事业，不赌一时之气愤。"有些人眼光"近视"，不能放大格局，沉溺是非人我、好于闲谈杂话、计较工作分量，心思种种都放在琐碎小事上，还自以为追求公平正义，这怎么会有前途？唯有处事具前瞻，志向放远大，逐步踏实，才有前景和未来。

第六，生活有禅味

现代人都说要懂得爱自己，其实，"禅"就是爱自己。有了禅，可以解脱缠缚，可以安顿身心，可以放旷自在，可以认识自己本来面目。生活有禅味，就有幽默、自在、洒脱，有诙谐、有智慧。把禅味带进生活、工作，会给自己欢喜、家人欢喜、同事欢喜，不但自尊自爱，也会尊他爱他。

人尽管有生老病死、生住异灭而流转，但是，清净的真如佛性永远不受牵动。因此我们更应该肯定自己，相信自己，尊重自己。

善待自己

一般人总希望别人待我们好一点，但是这太难希求了。与其等待别人来待自己好，不如自己先对自己好。善待自己的方法很多，比方吃饭营养均衡，注意身体健康；穿衣保暖，不让自己受凉；好好休息，保持精神体力。善待自己也不只是这样而已，除了身体上的善待之外，以下还有四点意见：

第一，不重自己者取辱

一个人不看重自己、不尊重自己，所谓："君子不重则不威"，你不尊重自己，自然人家也不会尊重你，就容易自招屈辱。所以我们要别人的尊重，得自己先尊重自己，清楚做人处世的立场，言行举止合乎身份，应对进退有据等等，明白这些，就是善待自己的第一步。

第二，不畏自己者招祸

儒家说："慎独"，古德也云："畏己"，指的是我们不一定怕人、怕天、怕因果，但是要怕"自己"。自己很可怕，为什么？因为我们的眼、耳、鼻、舌、身、心，好像六个土匪强盗，住在人体的这个村庄里。他们为非作歹、造作恶业，你能不畏惧吗？如果你不畏惧、不小心、不谨慎，不把眼、耳、鼻、舌、身、心管理好，那么随着它起舞造作，弄非招祸，惹下麻烦，受苦的就是自己了。

第三，不满自己者受益

如果你对自己不满意，经常想到自己的道德不够、慈悲不够、智慧不够；在工作上想到："我的努力不够""我的用心不够"；在人际相处上想到："我待你不够好""我待你不够诚意"，假如你能够不满意自己这些种种的缺陋，你会想要有所改进，努力增上，培养因缘，那么，你自己就会受到很大的利益。

第四，不是自己者博闻

不是自己，就是不自以为是，常能自我反省"我这样子对吗""我这样子准确吗"。知道自己的不足之处、不是之处，肯不断地研究、不断地修正，参考别人的意见，听取别人的看法，渐渐地，你会消除自己的执着、看到自己盲点，获得许多知识，进而能够博学多闻。

能够自觉，就会改进自己；能够自觉，就会扩大自己，能够自觉，就是善待自己。

找回自心

东西遗失了，我们都会想尽办法把它找回来；亲人失散了，更是千方百计寻找，希望能重温天伦之乐。甚至有时候我们也会找工作、找朋友、找乐趣等等。但是，寻找任何东西，都没有比找回自己的心来得重要。我们的心经常在外漂泊浪荡，我们应该要把他找回来。如何找回自心？有四点：

第一，成就内心的自性佛

每个人都有一颗真心，也就是我们的自性佛。所谓"佛在灵山莫远求，灵山只在汝心头；人人有个灵山塔，好向灵山塔下修"。我们本具的真如佛性，长期以来因为受到五欲六尘、声色犬马的染污而迷失。所以，修行的人为了找到真心，有的用礼拜，希望有一天能认识自己的本来面目；有的从禅坐中反观自性，希望有一天能得到一点消息；有的人花了数十年时间，在佛经里探讨；有的人穷一生岁月，在佛号里寻找。不管运用任何方法，我们唯有找到内心的自性佛，才能认识自己。

第二，点亮内心的智慧灯

"千年暗室，一灯即明。"我们的般若智慧，也像灯光一样，可以照亮内心无始以来的愚痴、无明。无明就是烦恼，它能遮蔽我们的真心，让我们看不清自己的本来面目；就如乌云遮日，天地自然阴暗。我们唯有净化心灵，把内心的尘埃拂拭净尽，则乌云散去，阳光普照，自然晴空朗朗。所以，我们要点亮心灯，要发掘般若智慧，才能认清自己。

第三，治疗内心的三毒病

贪嗔痴三者，佛教称为三种根本烦恼，又称为"三毒"。意即这三者能荼毒众生的身心，让我们如生大病，无法修道，而与真心本性愈离愈远。所以，学佛就是要"勤修戒定慧，息灭贪嗔痴"；当我们透过三学的修习，达到"以戒治贪、以定治嗔、以慧治痴"的目的，把贪嗔痴的疾病治愈，自然能够找回本自具足的佛性。所以，人要做自己的医师，要善疗自己疾病，才能做自己的主人。

第四，发掘内心的七圣财

每个人的一生，多少都曾有过发财的梦想，只是有几人能如愿？何况世间的财富为五家所共有，即使拥有再多的钱财，往往转眼成空。世间真正的财富，是信仰、持戒、惭愧、闻法、精进、喜舍、智慧等，佛教称为"七圣财"。这些财富都存乎我们的一心，我们内心有无尽的宝藏，只要我们找回自己的真心，则生生世世取之不尽、用之不完，这才是真正的无价之宝。

一般人平常都是向外求，求名、求利，求荣华、求富贵，反而把自家的宝藏弃置不顾，殊为可惜。所以，聪明的人要懂得向自己的内心探求，能够找到自己的真心，寻回自己的本性，就是世界上最富有的人。

开发自我

我们常听人说要开设工厂，要开拓产品，要开发山坡地，乃至要开采能源、矿产等。其实，不管开发能源也好，开采金矿也罢，不一定要在另外的地方去开发，我们每一个人的心里都有无限的宝藏，所以如何"开发自我"，才是人生最重要的课题。有四点意见：

第一，在平淡中找滋味

你觉得自己的生活很平淡吗？其实人生本来就很平淡，每天早起晚睡，每天三餐，每天工作，这不就是平淡的人生吗？但是，我们可以从平淡的生活里找出平淡的滋味。平淡的滋味是什么？比方说我很欢喜、我很平安、我很祥和、我很自由、我很逍遥、我很自在；你能够从生活中体会出这许多的滋味来，平淡的生活自有其不平凡的味道。

第二，在劳动中找安适

人每天都要劳动，都要工作；如果你把劳动当作辛苦，当然就很辛苦。假如你在工作里感到快乐、欢喜，从工作中感觉很有趣味、很有成就感，工作就成为快乐之源，如果你因而喜欢工作，不就天天都快乐了吗！

第三，在封闭中找自由

你觉得自己的世界太小，自己的居家环境太小，自己的生活圈子太小吗？你觉得自我太封闭吗？没有关系，你在封闭的生活里，思想可以自由。你不但可以扩大思想、升华志向，甚至可以让自己的方寸之心，包容法界之宽。只要懂得经营自己的身心世界，就能找到自己的天地。

第四，在友谊中找真情

俗语说："一贵一贱，交情乃见。"世间的人情冷暖、世态炎凉，的确让很多人感到寒心。所谓"纸张薄，人情比纸张更薄"。但是凡事只要从自己做起，就有未来，就有希望。你觉得人情很冷、很淡，不过没有关系，你把自己热起来，你能待人真诚，自然就能从友谊里找到真情。

如何了解自己

了解别人很容易，了解自己很难。就像我们每个人都有两只眼睛，看别人很清楚，却看不到自己，所以，一定要有一面镜子来反照，才能如实看见。我们如何看到自己，了解自己？有四点意见提供给大家：

第一，我的心中有些什么

你可以检查一下自己的心，里面有些什么，是贪爱？是嗔恨？是愚痴？是邪见？是嫉妒？是疑惑？这些让我们痛苦的无明烦恼，当然要排除。能勤修戒定慧，熄灭贪嗔痴，开发心中的善美、真诚，心中有好人、有好事，这颗心会是好心。

第二，我的耳朵听些什么

一般人的耳朵都乐意听人家的恭维、谄媚、是非，甚至听到别人的不好、坏话，就幸灾乐祸、落井下石。或者，一听到别人对自己的批评、不是，就沮丧、懊恼、伤心、痛苦，为什么不听取人家的好言、好语、真话、实话，而任由这些不好的言语，让我们自己空生烦恼、难过呢？所以，可以留意一下我们的耳朵都听些什么内容，能够会听、善听、兼听、谛听，摘取他人讲话的精华重点，才是真听。

第三，我的双手做些什么

大家可以试着了解自己的手做些什么？是偷窃、是打架、做坏事，这双手就不是好手，过去做小偷、强盗，现在金盆洗手不做了，不再偷、抢、盗，转而帮助别人，这双手就是功德手、慈悲手。比方，随手开灯，给人光明，为人开车，给人方便；插朵花，身心愉悦，捡垃圾，保持干净等等，观照自己双手做什么，随时随手做好事、做善事，自他都会欢喜。

第四，我的日子过些什么

我们自己可以了解一下，我每一天的日子是怎么过的，我每一年的日子怎么过的？是痛苦，还是快乐？是负担沉重，还是欢喜适意？无论过什么样的日子，都是有因有缘，假如每天能用 10 分钟来想想：是要制造解脱自在的日子，还是忧悲苦恼的日子？从中反思自己的经验、人格与内涵，你会自我了解，自我放下，慢慢地，会远离庸庸碌碌、不知所为的日子。

如何自我成熟

田里种了五谷，每天都会盼它早点成长成熟；蚕结成蛹，每天也会盼它早日破茧而出；人处身这个世间，当然也希望自我成熟。如何自我成熟呢？可以从以下四个方向着眼：

第一，以积钱财之心，积聚学问

颜之推在《颜氏家训》中告诫子孙："积财千万，无过读书。"积聚钱财固然是人之所欲，过分的贪求，就会为金钱所奴役。若以积钱财之心积聚学问，你的学问会很好，你用心探究学问真理，生命的层次会提升，心灵视野会扩大，则不枉费为人一生。

第二，以求功名之心，求取道德

许多人计较功名，讲究利禄，整日追逐而不以为累，连孔子都要慨叹："吾未见有好德如好色者。"可见好功名、好爱情的人多，好德者少。所谓"趋利求名空自忙，利名二字陷人坑"，假如我们能以好功名、求利禄之心，来求取道德，道德必定崇高。而有德之人，他"闹中静察，困时向上"，虽处境穷困，内心仍然宽广，即使身处富贵，也能恭敬从容，不致志得意满，忘失自己，这样的人，必定为人所尊崇。

第三，以爱妻子之心，爱敬父母

人间有"爱"，父母爱子女，丈夫爱妻子，尤其儿女结婚以后，爱念妻子更甚敬爱父母，这也是为人夫、为人子者经常所见。如果一个人能以爱护妻子的心，来敬爱父母，让父母获得情感的满足，获得信仰的寄托，远离老病的恐惧，远离不安的烦恼，必定是孝顺的儿女。

第四，以保爵位之心，保全大众

当一个人获得利益、钱财、地位，用心用力地保护，这原本也是人之常情。假如能以保护爵位、事业的心思，来保全大众，一如老子所言："既以为人，己愈有；既以与人，己愈多。"能以为己之心为众，必受大众的拥护。他能具有群我的观念，为人服务，舍己利群，自身也能充实饱足。

成熟，是一种诚恳的谦卑，是一种不虚张声势的实在，是一种了然于心的自我认识，更是一种懂得付出的慈心有情。大凡成熟者，无不以积聚学问、道德，以舍己为众来自我成就。

怎样找到自己的心

生病的人，要找回健康；失业的人，要找份工作；伤心的人，要找到快乐；失望的人，要找到希望。我们一生几乎都在为找事业、找朋友、找财富、找功名而忙碌，甚至一生一世都在寻找，仍然找不到自己想要的。其实找来找去，找自己的心最重要。怎样找到自己的心？有四点：

第一，成就内心的真佛

有句偈云："佛在灵山莫远求，灵山就在汝心头；人人有个灵山塔，好向灵山塔下修。"每个人心中都有一尊本来佛、自性佛，却在耳娱声色里追逐迷失，找遍外在一切，忽略自家珍宝，空在世上几十年找不到真正的自己，很是可惜。因此，我们要做一个有智慧的人，向心内觅佛，成就内心的真佛。

第二，点亮内心的灯光

现代人强调净化环保、净化社会，其实最主要的，还是要先从净化自己、净化心灵做起。因为我们的心，经常被愚痴、黑暗、无明、烦恼所遮蔽。我们每个人的自性里，都有一盏心灯，点亮这盏智慧的灯、般若的灯，就能赶走无明、烦恼。有谓美容、美颜、美姿，不如美心，点亮内心的灯光，就是美心。

第三，治疗内心的病患

身体生病了要看医生，心理生病了怎么办？有人求神问卜，有人看心理医生，不过最重要的，还是自己做自己的医生，因为自己内心的病，自己最了解。"佛说一切法，为治一切心；若无一切心，何用一切法"？佛陀说法，就是要治众生的八万四千种烦恼病，所谓"勤修戒定慧，息灭贪嗔痴"，用戒来治贪，用定来治嗔，用慧来治痴，身心才会解脱清凉。

第四，发掘内心的财富

外在的财富，随时可能因为水、火、盗贼、贪官及不肖子孙等而消失。然而我们心内的财富，是偷不去，也失不了的。比方信仰、般若、慈悲、道德、精进、喜舍、惭愧等，都是心中的财富，这是取之不尽、用之不竭的。你想拥有多少财富，就得看自我发掘多少了。

生活在世间，有人专找门路，有人爱找碴儿，找来找去，只有自找苦吃，自找罪受。唯有找到自家宝藏，心里才会开朗，才会踏实，无论过什么样的生活，都是自在。

自我成就

现代人凡事讲究成就感，播了种就希望即刻有收成，其实，不一定什么事情都得执着要有成就感。好比阳光无私地照射大地、月光无私地给人皓洁，我们也不曾回馈它们什么，但是它们仍旧日以继夜地普照地球上每一个众生。

因此，成就感不只是个人利益的获得，广义来说，除了自利，还能利人的，才是真正的"自我成就"。"自我成就"有四点意见：

第一，内敛伤人的锋芒

有的人个性冲动，不经意就会说话得罪人，做事伤害人。因此，人要经常自我反省，将语言上、面色上、动作上会伤害人的锋芒都收敛起来，让身旁的人感受到你对他的尊重。这么一来，你的锐气减少了，就会得到更多人对你的爱戴，也就是一种自我成就了。

第二，化解人我的纷争

世界上有人的地方就会有纷争；人与人之间难免会因为金钱、感情、人事而有纷争，严重者或是对簿公堂，或是口角不断。然而站在旁观者的立场，不但不要推波助澜，还要能化解纷争，让彼此握手言和、皆大欢喜，才是一种自我成就。

第三，重视集体的创作

这个世间不是属于我一个人的，所谓"一将功成万骨枯"，一件事情的成功，需要经过多少人的经验，多少人的智慧，多少人的辛苦，共同来成就，才能成功的。所以，人要重视集体创作，不要个人居功，才是最大的成就。

第四，明白因缘的成就

无论什么事情，能够成功都是因缘和合而成，是很多条件聚在一起才能成就的。好比一栋房子的完成，要有瓦工、木工、设计师、泥水匠、铁工的分工合作，才能成就；一本新书的推出，需要有作者、印刷厂、出版社的合作，才能出版。因此，要明白世间一切都是"因缘所生法"，就能明白自我成就的意义。

何谓"自我成就"？不能一味地在功名利禄上下功夫，更重要的是增加内在的能量。

自强

"天行健,君子以自强不息"。世界上主宰自己最大的力量,就是"自强"。人要自信而后可以自强,自强而后能够自立。甚至人都希望幸福快乐,但是幸福快乐不是平白地从天而降,也不是等着别人赐予;幸福快乐一定要靠自己生生不已,靠着自己自立自强,靠着自己自动自发地争取、创造,才能获得。至于如何才能"自强"呢?有四点意见:

第一,丢弃失败的挫折

你有失败的经验吗?失败以后你有挫折感吗?要把它丢弃!有的人经过一次挫折,他堪受不起,从此一败涂地。其实,每一次的失败、每一次的挫折,只要我们能记取经验,则愈是历经困难挫折,愈是未来成就的逆增上缘。所谓"经一分挫折,得一分见识";面对挫折,只要你不气馁,更能养深积厚。所以,跌倒了,要勇敢地爬起来,自然会走得更远。

第二,摒除不轨的行径

我们日常的身、口、意行为与作风,你要经常自我检讨、自我反省,是否合乎规则;假如有逾越规矩,不合法的、不道德的,或是大众所不认可的行径，都要把它排除。你不排除不轨的行为，最后将成为自己的拖累，成为自己前途的障碍。

第三，抹去自私的念头

人生最大的毛病是自私，一个心量狭隘自私的人，处处与人计较，所以往往无法成就大器。但是，"人不为己"确实很难！人都很自私，因为自私的念头经常鼓动自己造罪业、做坏事，所以要把自私的念头去除。能够大公无私，心中自然一片光风霁月，则时时刻刻都能活得心安理得。

第四，忘怀难堪的屈辱

在我们的一生当中，即使是一个再伟大的人物，也难免受到一些屈辱。例如，耶稣曾被门徒出卖，钉在十字架上；释迦牟尼佛曾受提婆达多毁谤，甚至施加伤害；韩信曾受胯下之辱，苏秦曾有父母不以其为子之耻。所以，愈是难堪的屈辱，要能忘怀，才能化为上进的力量。

"将相本无种，男儿当自强"。其实，凡人皆当自强，自强才能活出自信。

自制

所谓"国有国法，家有家规"，虽然一般人都不喜欢被人管理，受人制约，但是，一个社会，一个团体，乃至一个家庭，都要有共遵的法则，才能和谐有序。而事实上，法令规矩，都还只是外在的束缚，一个人最重要的是自己要能克制自己。比方你的贪欲心很大，你要节制一点，才不会被欲水淹没；你的嗔恨心很强，你要管制一点，才不会被嗔火烧伤；你嫉妒心很盛，你也要克制一点，才不会自伤伤人。人，如果完全没有克制自我的力量，必定会吃亏。如何克制自己呢？有四点意见提供参考：

第一，静谧能制妄动

经典里形容我们的心："譬如狂象无钩，猿猴得树，腾跃踔踔，难可禁制，当急挫之，无令放逸。"我们一定有过这种经验：内心常常莫名其妙地妄动，不该想的，它就是妄想纷飞；眼睛不该看的，它偏要看；耳朵不应听的，它就是要听；不该做的事，它就要做；不应该说的，它偏要说；甚至不该吃的、不该买的，控制不了，就是要去吃、去买，这都是因为我们的心妄动，心一动，麻烦也就跟着来了。因此佛陀开示我们："当勤精进，折伏汝心。"只有静谧能制妄动，心安静不妄动，一切事就能解决，此即所谓"制之一处，无事不办"。

第二，沉稳能制浮躁

"心高，则气傲；心浮，则气躁。"心一躁动，世界也跟着动乱起来了。有人说："我的习惯就是这样""我的性格本来如此"，其实这是可以改变的。生气慢半拍，凡事想一想："不急不急，安全第一；不急不急，礼让第一；不急不急，尊重第一；不急不急，平安第一。"只要你沉着稳健，任它外在的风雨飘摇，内心自有一方乐土。

第三，宽厚能制褊狭

一个人的心量有多大，成就的事业就有多大，胸怀的世界就有多大。心量褊狭的人，处处与人计较，不但烦恼多，也走不出自己的世界，当然无法成就大器；相反的，宽厚待人者，他包容天地，包容一切众生，视野、气度自然也就宽广起来了。

第四，柔和能制急迫

台湾人有一句话："呷紧弄破碗。"有时做事太过急迫，反而不易成事。古人说："沉潜刚克，高明柔克。"柔和的言语，让人感动；柔和的音乐，令人平静。能随顺人的本性而不违逆，称为柔软心。一个有柔软心的人，凡事不着急，不迫促，心平气和，便能从容行事，为人所接受，因此柔和是处世的良方。

工业产品要经得起质量管理，国家法令也要能够因地制宜。君主专制的政权，百姓厌恶；强制的处分，令人反弹；佛教的因果观念，能不须经由法律规章的约束，就能让人自制自律。因此，无论做什么，都不如自制来得可贵。

卷四 ｜ 人我之间

世间上，"人"是最麻烦的动物。

人际之间，除了"我"以外，还有"你"；

除了"你"以外，还有"他"。

这些人我之间，各有个性，各有想法，各有主张。

人我之间

世间上，"人"是最麻烦的动物。人际之间，除了"我"以外，还有"你"；除了"你"以外，还有"他"。这些人我之间，各有个性，各有想法，各有主张，因此经常造成许多的是非、纠葛。所以，"人我之间"应该如何相处？有四点意见：

第一，以服务代替自了

过去的佛教徒，有些人被讥评为自了汉，就如佛教的小乘行者以及罗汉，他们只顾自己的修行，自己的了生脱死，以及自己如何不受烦恼、轮回，却不问天下苍生的苦难，这是不对的！慈航法师曾说："只要一人未度，切莫自己逃了"。我们要有同体共生的观念，要有同舟共济的精神，要有服务大众的态度。《阿弥陀经》说："不可以少福德因缘，得生彼国"，服务大众就是广植福德因缘，所以我们要以服务代替自了。

第二，以力行代替玄妙

过去有些法师讲经时，喜欢谈玄说妙，讲得太抽象了，因此让佛法不易被人了解，导致教义不易弘扬。现在我们要以"力行"来代替玄妙，力行就是躬亲实践，就如我们常说的"布施"，不是要他人去布施，而是我自己先要布施；佛教说"慈悲"，也不是要他人去行慈悲，而是我自己先要有慈悲；佛教说"服务"，也不是要他人去劳作，而是我自己要以身作则，身体力行，如此才能让人信服。所以我们要以力行代替玄妙。

第三，以往来代替沟通

今天的世界，虽然是咫尺天涯，但是尽管科技再怎么发达，人我之间还是要有交流。因为人要借由彼此的往来，才能得以在社会上生存；国家亦须透过相互的交流，建立外交关系，才能相安无事。因为从往来中才能建立彼此的互信，才能免除不必要的猜忌，所以，我们要以往来代替沟通。

第四，以实践代替空谈

俗语说："说道一丈，不如行道一尺。"我们能说多少，就要做到多少，如孟子说："求则得之，是求在我者也。"你要想有所成就，就必须付出一定的努力，如果凡事不亲身力行，只是空口说白话，就如画饼充饥般不切实际，永远也不可能成功。所以，我们要以实践代替空谈。

自我要求

俗语说："敬人者，人恒敬之。"人际相处，你希望别人如何待你，首先就要如何待人。人与人之间都是相对的，你待人好，别人自会以礼相待；你待人苛刻，别人也不会好颜相向，这是必然的道理。所以人我之间的因果，其实正是启示我们如何做人的道理。有四点提供参考：

第一，自谦的人，人必佩服

谦虚是做人很大的涵养，一个人能力愈高，往往愈谦虚，因为他"学而后知不足"，所以愈懂得虚心求教；反之，一个凡事只略懂皮毛的人，常常自以为了不起，以为天下只有他最博学多闻，所以到处卖弄，此即所谓"满壶全不响，半壶响叮当。"其实，一个人的学问有多少，只要一开口，行家便知有没有？所以真正有学问能力的人，懂得谦虚，别人愈是佩服他；反之，没有内涵的人，愈是卖弄，愈显自己肤浅。因此，做人要如稻穗，愈成熟，头垂得愈低。

第二，自夸的人，人必怀疑

有一些人喜欢自吹自擂，夸大其词地自我宣传；过分夸耀自己，别人反而会对你产生怀疑。因为一个人的好，要由别人来说；

如果自己真有学问道德，通过别人交口称赞，口耳相传，自然邻里皆知，何必要你自己来说？所以，人要自我要求、自我含蓄，不要夸大，不要自我宣传。

第三，自责的人，人必原谅

"人非圣贤，孰能无过；知过能改，善莫大焉。"凡夫众生，难免会有犯错的时候；当自己有错了，能以自责的心、愧疚的心，自我忏悔，必能获得别人的谅解。反之，有的人做错事，还一副理直气壮的态度为自己辩驳，好像错得很理所当然，甚至错不在他；如此态度，自然惹人反感，也就难以获得别人的原谅了。

第四，自助的人，人必成就

谚云："天助自助者"；儒家也说："人必自助，而后人助"。一个人要想获得别人的帮助，必先自我奋发、自我图强；你能自立自强、自我要求、自我尊重、自我谦虚，别人必然会乐于协助你、成就你。

人我之间，如果好的事、有利益的事，都让你一个人占尽了便宜，别人自然不会饶过你，所以佛光人的信条："你对我错、你大我小、你有我无、你乐我苦"，这是最好的处世之道，也是与人相处的一大哲学。

祸福自招

"趋吉避凶、求福远祸"，此乃人之所愿。然而是福是祸，都各有其因缘。祸福的缘由，就是我们行为造作的结果，所以说"祸福自招"。有四点说明：

第一，不自重者取辱

做人要自尊自重，所谓"人必自尊而后人尊之，人必自侮而后人侮之"。不知自尊自重的人，何能要求别人尊重之。一个人做事能够有规有矩，必能自尊自重；能自尊自重的人，自不会做出自取其辱的事，所以，做人要以慈悲应世，以自重御侮。

第二，不自律者招祸

做人要"宽以待人，严以律己"。律己之道，就是要自己管理自己，自己约束自己。一个人如果不懂得自律，放任自己吃喝嫖赌，所谓"十赌九输惹灾祸"，甚至在言语上侵犯别人，在行为上作奸犯科，即使一时逃得过法律的制裁，也逃不过因果、良心的苛责。所以，一个有因果观念的人，他不需经由法律规章的约束，便能自制自律。

第三，不自满者受益

有一位态度傲慢的学者向禅师请法，禅师一言不发，拿起茶壶对着茶杯不断加水。学者不解，说："禅师，茶杯满了。"禅师回答："你的心就像这只茶杯，已经满了，所以再好的法水也流不进你的心中。"学者当下大悟，改以谦虚的态度请教。所谓"满招损、谦受益"，人不能自满，自满就是自我设限，就像肠胃不好，再好的营养也无法吸收，只有任由它流失，何等可惜！

第四，不自是者博学

一般人常犯的毛病，就是对自己的见解看法自以为是，对别人的所作所行不以为然。常常"自以为是"的人，往往暴露自己的肤浅；虚心就教的人，才能不断学习，才能增广见闻，所以不自是者博学。

俗云："祸福无门，惟人自招"。祸福的结果，都是我们善恶行为所使然。所谓"人若好善，福虽未至，祸已远矣；人不好善，祸虽未至，福已远矣。"一个人能够认识善恶因果，才不致招祸。

群我之德

人不能离群独居，在团体里与人相处，是一种艺术，也是一种修行，因此，不但要懂得人性，更要注意"群我之德"，才不至于为人所唾弃。"群我之德"有六点意见，提供参考：

第一，以好心待人

俗语说"好心有好报"，但是有时候你以好心待人，不见得别人一定领情。不过你也不必泄气，所谓"日久见人心"，只要你是真心待人好，总有一天别人也会报以善意。所以，好心必有好报，因果绝对不会负人。

第二，以德行服人

"山高鸟飞集，德厚人自亲"。我们和人相处，如果你以势力压人，别人不服气，甚至你很有学问，别人也不一定需要。但是如果你有德行，你做人很慈悲、很诚恳、很厚道，人家就会信服你。所谓"以势力折人，招尤之未远；以道德化人，得誉之流长"。以德服人，人也报之以德，所以君子养德，小人养威。

第三，以真情感人

"情真意自厚"，你有真实的情感，真诚地对人慈悲、关爱，真心地去帮助别人、提携别人，你的所行、所为都是真情的流露，慢慢自会近悦远来，因为真情所感，顽石都能点头了，何况是万物之灵的人类呢？

第四，以诚意劝人

人贵存诚，精诚所至，金石为开。别人有过，我们要心平气和地劝告他，但是表达除了重在明确以外，更重真诚。真诚使人信服，所谓"若要人缘好，诚恳莫骄傲"；真诚，于人于己，多有帮助。

第五，以笑容迎人

微笑是人际的阳光，我们和人见面了，首先就是一个微笑。微笑能使烦恼的人得到解脱，微笑能使悲伤的人得到安慰。世间最美的是什么？就是笑容；人和人相处，最能沟通的，也是一个笑容。有时候很多不如意的事，大家哈哈一笑，一个笑容可能什么误会都没有了，所以我们要以笑容迎人，以微笑来美化人生。

第六，以慈悲爱人

人之所尊，莫甚于慈悲喜舍。慈悲是人生最大的美德，人与物之间的不协调，可以用智慧去解决；人与人之间的不和谐，可以用慈悲去化除。甚至我们要化导一个人，慈悲的言行、关爱的心怀，比任何东西都受用。慈悲是自己与一切众生共有的财富，所谓"善门有多途，慈悲最是急"；发心以成就别人来完成自己，就是慈悲。对人慈悲就是自我结缘，用慈悲爱人，会让彼此和谐自在。

一个人要有未来，要有前途，群我关系一定要相处融洽，一定要主动去关怀别人。

律己行善

《佛光菜根谭》说："不生恶念，是给予自己的净化；常行善事，是给予社会的美化。"不生恶念就是律己，常行善事则是利人。律己是为自身功德而努力，可以自得其利；行善是为济度有情而发心，能够利益他人。律己行善的内容有哪些？提供四点看法：

第一，耿介严正用以律己

性情耿介、正直，是做人的本来之道，一个善于自省的人，往往律己常严。然而对于自己的过失，固然要严厉苛责，对于他人的错误，则应以宽容的耐心，给予改正的机会，以权巧的智慧规劝引导，令生正确的见解，此即所谓"严以律己，宽以待人"。

第二，忠厚义气用以待人

教人不宜严，但要慈；待人不宜苛，但要宽。假如以严厉的态度来待别人，却用谅解的借口来待自己，那就有失忠厚之道了。而义气则是人与人之间最珍贵的情感，薄情无义者，令人寒心；义薄云天者，令人钦仰。朋友有难，义不容辞地帮忙；急难贫困，仗义疏财协助，都会给人间带来温暖。

第三，真诚勤勉用以任事

无论公司创业、工厂经营、机关上班等等，一件事的完成，都不单是靠一个人就能成功，必定有很多的朋友合作，与很多的关系人合股，这就必须要靠自己的真诚、勤劳，别人才会欣赏，也才能获得信任，委以重责。因此，真诚是事业成功的基础，勤奋是事业成功的动力；相反的，若是见到辛苦，只叫别人去做，自己却享受优待，必定不得人缘，那么距离失败也就不远了。

第四，慈悲发心用以行善

佛教说："法不孤起，仗境方生。"世界上，人我关系是一体的，没有人能独立生活，必须相互成就。因此，做人总要行一点善事来帮助别人，所谓"给人方便，就是给自己方便"。常行善事，热心服务；行善的人没有恶心，对于不善的事，也会舍弃远离，自然能得善缘好运。

《七佛通偈》说："诸恶莫作，众善奉行。"前者就是律己，后者即是行善；中国儒家也说："非礼勿视，非礼勿听，非礼勿言，非礼勿动。"这就是律己的功夫。律己可以减少烦恼，是修身立业的基础；行善可以止息贪欲，是增进人际和谐的良方。律己行善，能为自己带来无尽的福寿。

己立立人

过去儒家主张，大丈夫立身处世，达则兼善天下，不达则独善其身；佛教则主张，做人要持守五戒、广行十善，要自觉觉他、己立立人。如何"己立立人"，有四点看法：

第一，己俭而能施人，是为仁也

所谓"富贵之家修道难，贫贱之家布施更难"。一个真正的仁者，则是"解衣推食""守约施博"；不但自己能淡泊自甘，勤俭克己，并且还能将自己节俭后所余，布施给贫苦、孤独的人，与人共享，表示自己心中有"人"。这种"仁德"的施予，是仁者所为。

第二，己仁而能寡求，是为义也

自己很仁慈、很慈悲，能够发心利人而别无所图，这是圣贤所为。如崔瑗的座右铭："施人慎勿念，受施慎勿忘。"又如佛教讲"三轮体空"，能够体达我法皆空，而无希望福报之心；甚至若受到呵骂、讥讽等，也能起慈心而不绝布施之念。像这样施人不望报的行为，都是"义"的表现，这种无我无私、舍己为人的仁义道德，更为世间所需要。

第三，己义而能传家，是为礼也

中国自古以来，便以礼传家，孔子说："生，事之以礼；死，葬之以礼，祭之以礼。"自己有道德仁义，而能将此美德传承给后代子孙，远比留给子孙万贯家财更为宝贵。如《古文观止》中，《冯谖客孟尝君》一文里，冯谖为孟尝君"买义"，终而为其化解危机。所以一个国家社会，宁可少一点钱财，不能缺少道义，"义"才是传家之宝，才是国家之宝，才是人生之宝。自己有义而传家，是为礼也。

第四，己礼而能训子，是为智也

自己懂得礼，还是不够，更要能把"礼"教导给子孙儿女，是谓"义方之训""诗礼之训"。意即自己知礼，且能教诲子孙礼义之道，这才是真正的智者。常见有一些人自己奉行道德，奉行慈悲，可是放纵儿女花天酒地、奢侈浪费，结果儿女不学好，如此纵使你争得了多少的名誉，拥有多少的财富，到最后给许多不肖的儿女荡尽家产，也是划不来的。

《孟子·告子》云：有帮助他人的"恻隐之心"，仁也；有知晓廉耻的"羞恶之心"，义也；有尊重他人的"恭敬之心"，礼也；有分辨善恶的"是非之心"，智也。孔孟之所以为后世所景仰，就在于他们主张人人皆可以成圣贤，就如佛教主张众生皆有佛性，人人皆可成佛一样。因此，在人生的旅途中，每个人都应该仿效圣贤，不但自己本身要做个好模范，更要能推己及人，己立立人。

群我之间

一个人要自我提升，必须靠思想教育来启发；群我的相处之道，则要靠生活教育来训练。有关"群我之间"如何作良好的互动，有四点意见提供参考：

第一，多言是贱卖宝贵的生命

"胶多不黏，话多不甜"，说话旨在表达意思、传达理念，着重言简意赅，不可啰唆累赘。但是有的人，一件事情本来三言两语就能沟通，就能说明，但是他一再地重复叙述。或者一场讲演，只有半小时、一小时的内容，非要讲到两小时、三小时不可。讲话太多，不但惹人生厌，而且是贱卖宝贵的生命，所以话不必多，于人有益，才是宝贵。

第二，应酬是浪费有益的时间

现代人的生活，难免要应酬联谊。正当的应酬确有其必要，但是有时候太多无谓的应酬，实在是浪费有益的时间。人的一生能有多少时间，能有多少生命可供利用？有的人不懂得珍惜，总在没有必要、没有意义、没有益处的应酬上浪费时间，实在可惜。

第三，孤独是修养自己的良机

人与人相处不可忽略掌声，但对自己则要无声。因此一天当中，我们有群居的生活，也要有独处的时间。"独处"是要内观，要看无相的世界、听无声的声音。独处的时间并不是读读报纸、看看电视、听听音乐，因为在报纸、电视、音乐里，还是有种种的人我是非、还是有各种嘈杂音声，会扰乱我们不能宁静。所以，孤独静处是要让自己不想、不看、不听，在那样的时刻才能找回自我。

第四，乐群是发挥大众的动力

一个人要能静，也要能动；能独处，也要能乐群。有群众性格的人，就能融入社会，就能与大众相处，就能群策群力，奉献心力，服务人群，这就是带动社会的进步，所以乐群是发挥大众的动力。

"自傲的人难有知交，自私的人难有群众"。与人群相处不但要如水，屈伸自如，尤其要心中有人，时时替人设想。

人我之忌

人要有所作为，必须发大心、立大志、行大愿，摒除一切人我是非，则周围的一切都可以变为成就我们的因缘。至于如何才能圆融人际关系，首先需要注意与人相处之忌，有四点说明：

第一，攻人之恶勿太严

世界上没有十全十美的人，也没有永远不犯错的人。当别人有了过错、缺点，或是不良习惯时，我们要纠正他、规劝他，但不能过分严厉地指责他、攻击他；太过严厉，则如同恶狗，你打它，它更咬你。所以"论人之恶勿太过，要思其堪受"；凡事留一点余地给人，这也是做人应有的厚道。

第二，教人之善勿太高

人类文明之所以能不断进步，是因为有教人的胸怀，才能把经验传承下来。但是有的人热心过度，一心想把自己所能倾囊相授，例如教人计算机、打字、音乐、绘画等。甚至要求人要有道德、有慈悲，要如何做人、处事等等。教人本来是很美的善事，不过"教人之善勿过高，当使其可从"。你要求太高、太多，他做不到，就觉得很辛苦，甚至感到厌烦，干脆不学了。所以谆谆善诱，因材施教，这是教人之道。

第三，称人之是勿虚伪

称赞别人是一种美德，但赞美要得体，不能过分，不能虚伪，否则反令人有一种被讽刺的感觉，不但适得其反，甚至还可能被讥为拍马屁。例如对于一个很有慈悲心的人，你就直接赞美他很慈悲，而不要说他很有智慧；对于一个长相平凡的人，你可以称赞他很有气质，但不一定说他很美丽。所以称赞要恰如其分，要出于真诚，千万不可虚伪。

第四，责人之非勿武断

世界上的是非、好坏、对错，并非全然绝对的，有时候因为立场不同，对同一件事就有不同的看法和见解。所以当我们责备别人的不对时，千万不能太武断，不能只站在自己的立场判断是非，何妨换一个立场想一想别人，也想一想自己。一个能举千斤之重的人却不能自举其身，这是明于责人、昧于恕己者最好的例证。

"知人之过易，明己之过难；责人之失易，省己之失难"。人我的相处，以不违情理为自然。能够处处不搅人我，自然没有是非。

交友之忌

古人说："在家靠父母，出外靠朋友。"说明朋友的重要。朋友之间来往，应该注意些什么？《字经》记载："结友不固，不可与亲，亲而不节，久必泄渎。如取泉水，掘深则浊，近贤成智，习愚益惑，数见生慢，疏则成怨。善友接者，往来以时，亲如有敬，久而益厚。不善友者，假求不副，巧言利辞，苟合无信。"可见结交朋友，也必须有所选择。结交朋友有什么顾忌吗？有四点意见，提供大家参考：

第一，不忠的人不可用

三国诸葛亮"竭股肱之力，效忠贞之节，继之以死"的精神，至今令后人敬佩。相反，宋朝秦桧挟金人以自重，陷害岳飞，致国家于不利之地，连三岁小儿也唾弃。因此，一个人的忠贞与否，实在不可忽视。假如对国家没有忠心，对工作没有忠心，对上司没有忠心，对朋友没有忠心，甚至于对妻子儿女都没有忠心，这样的人，千万不可以用，以免被他出卖。

第二，不教的人不可友

颜之推说："与善人居，如入芝兰之室，久而自芳；与恶人居，如入鲍鱼之肆，久而自臭。"因此不肯受教养、无状不明理的人，不必跟他做朋友。跟他做朋友，只会彼此影响，毫无帮助。

第三，不信的人不可交

信誉是人生的财富，一个不守时、不守约，不守信用、不守承诺的人，教人难以和他交往。因为他变来变去，夸大其词，言行不符。尤有甚者，害你锒铛下狱，声名扫地。所以，不讲究信用的人，不可以交往。

第四，不义的人不可助

有的人贪得无厌，天天只想从别人那里获得利益。有时你给他帮助了，不但得不到他的感谢，还因为他的贪求对你的帮助有所不满。古谚说："一斗米养一个恩人，一石米养一个仇人。"意思是，帮助人也要有智慧。有义气的人，我们才可以去帮助，否则帮助了一些恶人，不但对自己无益，也会危害社会。

自然益友

大自然是美化环境的画师，调节气候的专家，祛病延年的良医，更是陶冶性情的益友。古今中外，人们多爱以大自然为题，或赞美、或惕厉、或抒发、或排遣；乃至人生路上除了人是我们的善知识外，有时候，大自然的花草树木，也可做为我们的益友。以下提供四点"自然益友"：

第一，对绿竹得其虚心

"竹未出土之前便有节，待到凌云总虚心"。绿竹挺直空心，有着宁折不弯的气节与中通外直的度量。诗人多爱以竹为友，例如苏东坡写下："无肉令人瘦，无竹令人俗。"郑板桥赞赏竹："咬定青山不放松，立根原在破岩中；千磨万击还坚劲，任尔东南西北风。"在竹子潜移默化的影响下，造就自身超凡脱俗的人格。面对绿竹，反观自身，在待人接物上，应以竹为友，学习其坚定顽强、不屈不挠的风骨。

第二，对黄菊得其晚节

菊花开于岁暮霜降之际，既不与春花争妍，又不夺夏绿风采，在秋霜中散发自性的芬芳。陶渊明一句："折嗅三叹息，岁晚弥芬芳"，道尽菊花高风亮节、兀自芳菲的风范。弘一大师晚年也曾说：
"亭亭菊一枝，高标矗劲节"。说明人的一生中晚节最为要紧，许多
人年老了，晚节不保，坏了一生的行谊，菊花的形象，格外具有醒世
的意义。因此，吾人不论是结交朋友或自身的行谊，都应该像黄菊
一样，超然独立，不随波逐流。

第三，对松柏得其本性

"岂不罹凝寒？松柏有本性"。松柏本性青绿，因此，愈是寒
冷，愈显得葱茏苍翠。它凌冰傲霜，不惧寒冬，迎受大自然严酷的
磨炼，不因艰难而退却；在万物枯落萎败，大地呈现一片萧条气象
时，仍保有一身翠绿，展现盈盈生机。所谓"岁寒，然后知松柏之后
凋也"。面对松柏，我们应与它为友，学习其风骨，在艰难中仍保持
直立独行的本性；处于逆境仍能耐得住，守得了。

第四，对芝兰得其幽芳

有一次，孔子自卫国返鲁，见芝兰在深谷中飘逸，即下车说道：
"兰当为王者香，今乃独茂，与众草为伍。"他悲怜芝兰应为王者香，
却被冷落在深谷中；虽与草木为伍，仍不因此而改节。芝兰幽芳香
味远扬，它不浓烈，却长久，不是阵香，却清远；让你闻其清香而心
旷神怡。一个人的思想品性也要如芝兰般，有着君子的德性，在自
己的言论行为上，表现着真诚与芳香。

孔子说："益者三友：友直、友谅、友多闻。"从绿竹、黄菊、松柏、
芝兰，展现对生命坚持的态度，生命存在的价值。人的一生能结交
如此益友，对自身行为品格的提升，影响匪浅。

世间逆增上缘

身处一半一半的世间，顺境、逆境无不在我们生活周围交替发生着。顺境固然是助人成功的跳板，逆境同样可以激发心志，而成为逆增上缘。如果没有专制的厉声，哪来慧远大师"沙门不敬王者论"的出世呢？因此，我们遇挫折要能不折心志，要能勇往直前，奋起飞扬。这世间有哪些逆增上缘？提供四点与大众共勉：

第一，世风日下皆是向上之阶

"世风日下，人心不古"，是身处世间的我们常哀叹万分的憾事。然而世风虽日渐浇薄，却正是我们磨炼心志的炼金石，也是我们成熟人格的阶梯。佛陀说："高原陆地不生莲花，卑湿淤泥乃生此华。"即是开示凡事不经山穷水尽之际的振作奋发，就无法领略柳暗花明的幽趣。因此，愈是世道衰微，愈应发愤有所作为，发愿向上有成。

第二，世路风霜皆是练心之境

世间路时而平坦无折，时而崎岖艰辛，要如何面对人生的顺境或逆境？先贤告诫我们"对境练心，对人练性"，意即借八苦等种种境遇，以启未来的大机大用。当然，先决条件是坦然而甘愿地接受每次因缘；唯有逆风扬帆，借此磨炼心性，才能开发智慧，进而丰富我们的生命。

第三，世情冷暖皆是忍性之德

清朝巡抚张伯行一世清明，但也因此一生孤立。他饱尝官场冷暖，屡遭同僚排挤，虽知清官难为，也宁愿孤立而不随波逐流，终为自身留下"天下第一清官"的美誉。诚然，时序尚有春夏秋冬，世情又岂无冷暖炎凉。一个有智慧的人，面对世情寒冽，他不但无所畏惧，反而会借此考验，培养忍性之德，训练自我坚强之志。

第四，世事颠倒皆是修行之资

世事不免倒果为因，颠倒黑白，倘若抱持愤世嫉俗的观念，只会让人堕落，丧失上进的意志。反之，以"夫善者是诸恶之师，恶者是万善之资"的积极心态，面对颠倒的世事，就能长养我们的慈悲心、平等心。

梅花因耐得住霜雪才显露芬芳，雄鹰因经得起暴风才能搏击长空，皮球不用力拍击如何蹦得高，石灰不经烈火焚烧如何清白留世？禅门祖师不也道出："热往热处走，冷往冷处去。"足见身心必经一番淬炼，方能成就珍贵的法身慧命。

积极的群我关系

我们生活在群居的社会，比方家庭里有父母、兄弟、姊妹、夫妻、儿女的伦理关系；社会上，机关、学校、朋友有从属、同侪、师生等人际关系，彼此间互有因缘，相互依存。人不能离开群众而独立生存，因此，群我关系的经营，就显得非常重要了！如何才是积极的群我关系？

第一，我对大众要慈悲

如何慈悲？就是人我对调。处众任事，时时想到"我要替别人着想""我要与对方互换立场"，就是慈悲。人之所尊者，莫过于慈悲的人，因为慈悲是人生最大的美德，慈悲没有敌人，人与人的不和谐，都可以用慈悲来化解。《大丈夫论》里说："一切善法皆以慈悲心为本。"慈悲，会得到大众的欢喜，别人也会愿意和我们来往。

第二，我对朋友要真诚

我们与人为友，必须问自己想交什么样的朋友？希望获得真诚的朋友，自己就要拿出真心，以道德、义气、诚信来对待。有的人在相处多少年以后，因为一点误会而翻脸不相识，情义随流水而去，实在划不来。因此不要抱着贪图他人利益的心态，要给人感觉到我们的诚恳、踏实，才能得到患难见真情的友谊。

第三，我对身心要净化

我们的身体有老病死，心里有贪嗔痴，所以身心有疾病、有脆弱、有无明、有烦恼，这都关系着我们的苦乐。想要消除这些忧悲苦恼，就必须从身心净化下功夫。佛门里的反省、忏悔、惭愧、皈依、发愿、回向等种种方法，都可以让身心达到净化与安定。

第四，我对社会要结缘

一个人要在社会上立足，最重要的是要广结善缘。尤其在彼此关系密切的现代，就是从政，也要讲求行政的资源，就算创业，也需要人际的协助，结缘才能有因缘。除了担任义工、布施金钱以外，一句柔软的语言、一抹温暖的微笑、一个善意的眼神，甚至以智慧引导别人、以技术传授他人，都是结缘的方法，都能给予人力量与帮助。勤于结缘，日后必定为自己带来好因好缘。

佛教以僧伽、和合众来表达对群我关系的重视，依"六和敬"来维系人事的和谐；而极乐世界里"诸上善人，聚会一处"，也都是因为群我和谐。因此，现代人讲求各种经营，若能将群我关系经营得好，不但生活愉快，做起事来，也会格外地顺心如意。

积极的物我关系

我们出生、立足在这个社会生活，不但和"人"有关系，和"物"也有关系；可以说物质占了生活主要的部分。比方要房子、要汽车、要衣服、要床铺，还希望有更多的田产、黄金、股票等，这些都是对"物"的需要。

人固然不能没有物质来滋养，但是，过分地纵欲、贪图，容易造成"物""我"关系的不协调，甚至为了一点虚荣，甘愿屈膝做牛做马，这都是非常危险的。怎样才是建立积极的"物""我"关系？有四点看法：

第一，我对衣食要朴素

生活中，我们穿衣主要为了保暖避寒，只要整洁、得体，不必太过华丽；饮食也如汤药，主要让我们避免饥饿，因此应以简单、朴素为原则，获得健康营养。佛门有云："口中吃得清和味，身上常穿百衲衣。"粗茶淡饭里，有甘美的妙味，粗布衣裳里，有无上的庄严。淡泊，就能不为物所役，就能感受自在的乐趣，体会轻安和解脱。

第二，我对经济要善用

佛教不是叫人绝对不要财富，如果把钱财用在非法的地方，当然就造罪了。如果把钱财用在对的地方，比如发展正当事业、提升社会经济，乃至修桥铺路、救助他人，提高人间种种建设，这都是有功德的。因此，对于金钱、经济，要懂得善用规划，这好比我们的拳头，用在好的地方，可以替人捶背、服务，可是打你一拳，用在不好的地方，可能就是犯罪，甚至被告上一状了。

第三，我对自然要保护

我们生活的环境，离开不了大自然，河流如血脉，可以顺利运送养分；森林如心肺，可以做良好的空气调节；高山如骨骼，可以保持水土的均衡；动物如细胞，可以维护生态平衡。目前全球性环境污染和生态破坏所造成的危机，已经开始威胁人类的健康，因此生态及大地资源的长久维护，才能让后代的子孙在地球上安居乐业。

第四，我对逆境要克服

在自然界里，蝴蝶必须经过蛹的挣扎，才能破茧而出；人的一生，每个阶段也都有各种逆境需要克服，包括生老病死、冷热饥寒、无明恐惧、人情浇薄、自我挑战等等。当逆境界来临的时候，要有克服的勇气，才能超脱困境，获得成功。

人生的意义，不在于满汉山珍；人生的价值，也不在于创造亿万财富。所谓"心为形役、人为物役"。有人以纵情物欲来弥补，只有徒增内心的浮动不安。

护他正法

世间是一个彼此相互依存、相互保护的世界。父母养育儿女，儿女孝养父母；主管爱护部属，部属效忠主管。甚至国家要保障人民，人民也要保护国家，这些都是世间的常态。在生活中，如果每个人都有我要保护他人、我要保护社会、我要保护国家的心，如此一定能建设一个安定祥和的社会。所以"护他正法"，就是自利利人的善举，有四点说明：

第一，护他不使作恶

我们保护一个人，最重要的，是要让他不做坏事，这才是真正地爱护他。如果只是给他饭吃、给他钱用，让他吃住无虞，但是他拿了钱去吃喝嫖赌，做一些伤风坏俗的事，这就不是保护了。所以，最根本的方法，就是教导他正确的人生观，以及明辨是非善恶的能力。除此之外，还要让他懂得珍惜生命，学习自爱爱人，如此才是真正的保护。

第二，护他不使骄慢

一个人如果骄傲、我慢、自大、无礼，不但交不到知心朋友，甚至处处碰壁，凡事难以顺利。所以，我们要保护亲朋好友，就要劝导他们待人要谦虚，做人要有礼貌，凡事能多为他人设想，这才是真正的保护他。在团体里，谦虚才能得到人缘；在社会上，谦虚才能得到助缘；在人际往来中，谦虚才能得到善缘。所以，你要保护他人，就应该教导他谦虚不骄慢。

第三，护他不使懒散

每一个人都是独立的个体，每个人都有自己的人生要过，所以，保护一个人，就是要教导他勤劳负责，让他有独立生存的能力。现代的孩子，大都在父母过分娇宠中成长，以致失去求生的能力，以及缺乏在艰苦中奋斗的精神。所以，你要保护孩子，应该从小教导他洒扫应对，凡事让他自己亲身去做，你只是从旁观察协助，如此才能激励他勤劳奋发，以及培养他自我克服困难的能力。

第四，护他不使愚昧

一个人成就的大小，能力不是绝对的因素；明理有智慧，更能开创光明的前途。反之，有的人因愚昧邪见而听信谗言、误入迷途，往往造成无法挽回的憾事。归结原因，因为不明理而性格怪异，因为没有智慧而无法接受他人的善言，终而行为无所忌惮、思想乖舛谬误。所以，我们要保护一个人，要使他明理不愚昧；让他不受愚痴、邪见之害，才能确实地保护他。

这个世间，"人人为我，我为人人"。我们希望周围的人都能顺利平安地成长，都能过着美满快乐的日子，就要培养他负责尽责、勤劳务实、谦虚有礼、明理有智慧，如此才是真正爱护他、保护他。

使人信受

　　在佛教的经典里，每部经都是以"如是我闻"开头，以"信受奉行"结尾。这是因为当初经藏结集时，阿难自言听闻于佛陀之言行。又"如是"意为信顺自己所闻之法，"我闻"则为坚持其信之人；"信受奉行"则谓信受如来所说之法而奉行之意。

　　佛陀之所以能让弟子信受奉行其所说之法，因为佛陀三觉圆满，万德庄严，佛陀的八千威仪、六度万行，都是佛弟子们学习的目标。我们做人，要让人家相信我们、接受我们，必须先树立自己的形象，建立自己的威信，让别人肯定我们、佩服我们，这样我们所说的话，才能使人相信、接受。所以如何使人信受？有四点意见：

第一，说话要言行一致

　　做人重要的是，要言而有信，说话算话；言行合一，这就是信用。一个人如果言行不一致，说话不守信用，对人的承诺不能兑现，这样的人不但信用破产，人格也会被人看轻。所以，言必信、行必果，言行一致的人，说话才会令人信受。

第二，行为要内外一如

　　一个人的行为要表里如一、内外一致，不能内心想的是一回事，外表做的又是一回事。内外不一致的人，让人猜不透你的心思，更无法亲近你、信任你。所以，一个人诚于中，形于外，对于自己的思想和行为要一致，内心是怎么想，话就怎么说，千万不可心里想这个，嘴里说那个，口中这样说，行为又那样做，否则别人会对你的言行大打折扣。

第三，做人要前后一般

做人最忌人前一个样，人后另一个样，前言不搭后语，自相矛盾。这种人在人前表现的是尊重、恭敬，好像煞有介事的样子，到了事后却完全不是那么一回事，甚至背后批评你、毁谤你。久而久之，假面具被人撕破、给人拆穿之后，有朝一日，即使你以好意待人，别人也不会相信，所以做人要紧的是，对人要前后一般。

第四，做事要大小一同

一个人要有平等心，平等是宇宙的真理，有平等心才能与真理相应。有的人只想做大事，小事他看不上眼，到头来却是一事无成；有的人只做小事，大事不敢做，这也太没有志气了。所以我们做事情要大小一同，等无差别，以平等心来处理，以同理心来面对，要能"大事敢担当，小事不拒绝"，自然能受人信赖，自能开创出自己的一片天空。

如何使人信受？有慈悲心的人能令人信受，待人诚恳的人能令人信受，做人厚道的人能令人信受，有威严、有魄力的人，都能令人信受。

与人相交

一个人打从出生开始，便不断地接触各种人，和不同的人生活、相处，包括家人、朋友、同事、情人、上司、部属，甚至陌生人等。因为人要在世界上生活，便脱离不了社会，离开不了人群，因此，懂得与各种人相交，就是最好的修行。

世间的人，有的人能与别人共患难，却无法同享福；有的人只能做朋友，却无法与人共事；也有的人可以当亲密的情人，却无法做恩爱的夫妻，这是因为不懂得角色更换时的相处模式。因此，要如何与各种不同的人相交？有四点意见：

第一，与君子交，要以道义

古德云："交情不求益吾，交益吾则亏损道义；道义亏，必见人之非。"因此，人贵真诚，待人以真、待人以诚，这就是真情道义。在我们身边的同事、朋友当中，大部分都是君子，都是好人；当我们和君子、好人来往时，便要讲道义、讲信用，不但讲话要有理，做事要有理，凡所有一切都以道义为先，否则失去人格，必然受人唾弃。

第二，与小人交，要以礼貌

当然，在我们的生活周围，除了大部分正人君子以外，还是有少部分势利眼的小人，甚至坏人。与这种人相交，愈是要讲究礼貌，因为你没有礼貌，他就会跟你计较，甚至报复你。所谓"礼多人不怪"，尤其和一些工于心计、喜欢计较、心量狭小的人，我们要很有礼貌，要恭敬他、尊重他，这样才不会吃亏、受害。

第三，与邻居交，要以诚信

对于平日经常接触的人，例如邻居、同事、朋友等，与他们的相处之道，则必须先树立自己的形象，建立自己的诚信。也就是说，对于你的朋友、邻居、同事们，应该要诚诚实实的，保持信用，这样才能让他们信任你，欢喜与你相交。

第四，与部属交，要以恩惠

假如你是公司的主管，对于部下、组员该如何来往？如果要让部属心悦诚服地接受你的领导，必须施恩惠给他，要重用他、信任他，给他机会，让他发挥，使他有成就，这样他才会替你效命、做事。

人与人相交，要懂得珍惜相处的缘分；能惜缘、懂惜缘、会惜缘，才会有人缘。

身心修养

人有身心，才有生命；有生命，就有身心活动。透过身心来从事一些有益人我的事业，这就是生命的意义。所以，人要不断地修养身心；身心健全，才能圆满生命的价值。"身心修养"有四点看法：

第一，傲不可长，傲长则人厌

做人要有骨气，要有自尊，有时我们感觉这个人全身上下充满嶙峋傲骨，甚至有一点傲气，反而对他心生敬重。但是，人可以傲骨，也可以有一点傲气，却千万不能傲慢，傲慢则人人讨厌。我们看到社会上有许多人，"满瓶不动半瓶摇"，也就是说，有的人仗恃自己有一点学问、专长，他就夸张、卖弄，自以为是的傲慢不已。其实，瓶子里的水，满满一瓶的时候任你如何摇晃他都不动，只有半瓶的反而咕噜作响；这种人不但让人看轻、嫌恶，而且也是做人失败的危险信号。

第二，欲不可纵，欲纵则伤身

佛教讲，"欲"有善法欲，有染污欲。善法欲就是我要读书、我要行善、我要成佛，这都是"善法欲"。"染污欲"就是对财、色、名、食、睡等五欲的贪求。例如，有的人好财，有的人好色，有的人好名，有的人好吃，有的人好睡。人有欲望，本属正常，尤其善法欲可以多多益善，但是染污欲则不能放纵，所谓"欲纵则伤身"，佛经更把"财色名食睡"比喻为"地狱五条根"；过分放纵身心去贪着五欲，不但伤身，而且有欲火焚身的危险，所以做人"欲不可纵"。

第三，志不可满，志满则遭怨

人要立志，有志才会有成，否则胸无大志的人，终将一事无成。但是，当一个人功成名就的时候，切忌太过志得意满，志满则容易遭怨。因为世间上有很多人"见不得别人好"，当你有成就的时候，他就心生嫉妒，甚至毁谤你、阻碍你。所以做人要谨守"你大我小、你对我错、你好我坏、你有我无"的处世哲学，能留给别人一些空间，别人也才会放你一马，否则志满意得，容易遭人怨恨。

第四，乐不可极，乐极则生悲

"过犹不及""物极必反"，这都说明世界上很多时候，太多、太少都不好，最好能够"不偏不倚"的过一种中道的生活。例如人都希望追求快乐，但是快乐也要懂得节制，否则乐极也会生悲。比方有人好吃美食，吃得太多，只有让肠胃受罪；有的人贪名好利，但是名太高了，所谓"爬得高、跌得重"；有的人不义之财太多了，遭到清算斗争，倾家荡产。所以，人生有时候要懂得留一点余地，才有回头转身的空间。

老子说："人之大患，在吾有身"，身体虽然给我们带来莫大的忧患，但只要我们好好修养身心，让自己能够身心自在、生死无惧，则何患之有？

慎心进德

人，所以为人钦仰，在其散发的气质与涵养，成就之要，就在慎心进德。有谓"心正，则本立；本立，则道生；道生，则心净；心净，则自然"。一个人最重要的是心要正、德要厚，自然别人也会宽厚诚意以待。如何慎心进德呢？

第一，读书者不会卑贱

曾国藩云："凡富贵功名，半由人事，半由天命；唯读书做人，全凭自己作主。"读书可以改变自己，改变气质，甚至改变未来；读书的人，不怕出身低，读书的人，人穷志不穷。读书，可以提升我们的学识涵养，升华我们的生命层次。日本人随时随地，人手一书；以色列的家庭，可以没有餐厅，不可缺少书房；佛门的藏经阁，与大殿、斋堂同等重要。现代社会日新月异，更应鼓励读书、提倡读书，增添家庭书香味，建设书香社会，提升全民素质。

第二，守田者不会饥饿

所谓"没有天生的释迦，自然的弥勒"，世间各行各业，没有不精勤努力而能成功的。只有勤奋不懈，才能够获得成果。务农者，把田守好，就不怕饥饿；做工者，把工厂经营好，把工作做好，自然不怕失业。不论做任何事,只要踏踏实实、稳扎稳打,守住自己的本分,就不怕失败了。

第三,积德者不会造业

要身口意不造恶业,应当积德培福。《法苑珠林》说:"一善念者,亦得善果报;一念恶者,亦得恶果报,如响应声,如影随形,是故善恶罪福各别。"如果一个人满脑子都是贪嗔痴的恶瘤,牵引身行造业,自然也是贪嗔、愚痴之举。相反的,眼睛所看的,都是有德的人事物,耳朵听到的,都是有德的音声,口里所说的,都是有德的话,心中所想的,都是有德的念头,眼、耳、鼻、舌、身、心都与道德、善美相应,你怎么会去造恶业? 你怎么会贪嗔愚痴? 因此,积德者不会造业。

第四,择交者不会失败

在进德修业上,有善友提携,就不会走到偏斜;择交之人,不是有学识而已,更要有道德、有慈悲、有信仰、有正见。他会给人鼓励不泄气,他会启发正见不邪知,他会给人无畏不恐怖,给我们助缘,给我们帮助,增加我们的道德,这样的人,你与他往来,就会"如雾露中行,虽不湿衣,时有润泽"。

中道

"中道"是离开相对、极端的两边，是一种不偏于任何一方的中正观点和方法。中道不仅是佛教的根本思想，儒家也认为待人处事应该不偏不倚，无过无不及，孔子即言："中庸是道德的最高目标"。又说："君子中庸，小人反中庸。"因此，我们做人不要太冷或太热，不要太亲密或太疏离；做事不要太偏左或太偏右，也不要太高或太低，最好的方法是中道。做人处事怎样奉行中道呢？

第一，利害心愈明，则亲属不睦

我们跟亲属来往，如果太重视利害关系，必定无法与他们和睦相处。《四分律》云："难与能与，难作能作，难忍能忍，密事相语，不相发露，遭苦不舍，贫贱不轻，有此七法，名为亲友。"在利害得失的时候，要厚道一些，不要太过计较，才能维持亲属之间的和谐关系。

第二，贤愚心愈明，则交友不长

我们交朋友，当然要选择贤能的人。不过，有些和我们有缘分，或曾帮助过我们，却资质平庸的朋友，也不能嫌弃或排拒。在交朋友时，如果把善恶、贤愚、好坏、贵贱分得太清楚、太明白，朋友也不敢和我们相处。所以，朋友之间要互相帮助、提携，互相友爱、砥砺，才能成为金兰之交。

第三，是非心愈明，则修道不成

社会上，学佛修道的人很多，我们在学道时，不可以有很多的是非看法。因为是非太明，就会有很多妄想；是非得失的心生起，修道就不能成功。所以，禅堂的教学法是"打得念头死，许汝法身活"。惠能大师也说："不思善、不思恶，正与么时。"得以亲见本来面目，就是这个道理。

第四，好丑心愈明，则事物不契

大凡人心对事物的看法，都是好美恶丑，但是，美与丑并没有一定的标准。有时候我们觉得丑陋的，可能是个好东西，因为精美的物品，通常容易毁坏，而又粗又丑的反而很耐用。所以，鉴别美丑的心太过明显，对一切事物就不容易契合。最好能扩大自己的心量，如同大海一样容纳百川，任何肮脏丑陋的东西都能包容，方能体会心物一如的境界。

中道的品德，如同含有薄盐的水，虽咸却没有苦涩的味道，虽淡却非索然无味。具有中道品德的人，望之俨然，接触时却让人感到很温和，而乐于亲近。

德化之美

每个人都希望自己做个"杰出"的人，杰出的条件，除了能力、智慧之外，还要有道德和声望。尤其有道德才能养望，所以，做人要培养自己的美德，要重视"德化之美"。有四点意见：

第一，贫以无求为德

有的人虽然贫穷，但是他不贪求、不妄求、不作非分之想，表示他心里富有。所谓"有求哪有无求好""进步哪有退步高"，我们不要以为无求就没有，就是因为富有才无求。所以，一个有德的人，他以"享有"代替"占有"，他会"拥有"更多、更好。

第二，富以能施为德

什么叫富有的人？并非有钱的人就叫作富人，有的人有钱不肯喜舍，有财不会善用，反而做了钱财的奴隶，这只是有钱的穷人。反之，有的人欢喜施舍，所谓"舍得"，能"舍"才能"得"，富有的人能施，那才是真富，才是有德的富者。

第三，贵以敬人为德

什么叫作贵人？贵人并非指做大官、有地位的人。有的人官大、权位高，但遭人唾骂、遭人看不起的，为数不少，这就不叫作"贵人"。那什么是贵人呢？待人以诚，敬人以爱的人，时时以人为念，不以自己高人一等而轻视别人，反而助人于艰难，容人于无理，这种有容有量的人，才是一般人的贵人。

第四，贱以忘势为德

有的人虽然出身贫寒，但是他靠自己的努力，奋发向上，他不以趋炎附势、攀附权贵为晋升之阶，甚至无惧于权势，在有权有势的人面前，勇于发出正义之声，这种道德勇气，比权势更有力量，更能慑服人心，更能受人敬爱。

口舌之忍

自古以来，先贤圣者都是劝人要涵养"忍"的功夫。忍，要忍什么呢？有时候要忍气、忍苦，有时候要忍难、忍辛，最重要的，就是要有"口舌之忍"。什么样的场合要有口舌之忍呢？以下有四点：

第一，对贫贱不作酸语

面对贫穷的人，或是职业低下者，以及一些没有地位的人，我们不能看不起他们、嘲笑他们，或是讲一些酸溜溜、讽刺的语言让他们自觉卑微。看看大地，虽然受人践踏，却是万物之所依，大地虽是秽而不洁，却能生长万物。所以人的贫穷、卑下是一时的，我们不要以一时的荣辱来评断人的一生。

第二，耐炎凉不作激语

在功利主义挂帅的社会，一些有德行而无名位的人，有时候难免受到别人冷言冷语的奚落，甚至因为有心人搬弄是非而受到中伤。有的人会因此沉不住气，发出愤怒、偏激的语言反驳。其实这是没有必要的，因为世态炎凉、人情冷暖，都是世间实相！如永嘉大师说："从他谤，任他非，把火烧天徒自疲。"只要我们自己能积极向上，与人结善缘，相信所有的讥笑嘲讽，都能雨过天晴。

第三,对是非不作辩语

人要有所作为,首先要能摒除一切人我是非。假如你遇到一些是是非非,不必太过计较,也不必急于辩解,如百丈禅师说:"是非以不辩为解脱"。有时候"是非"你越要把它说清楚,是非就越多,反而不辩、不说,"是非"自然会慢慢沉寂。所谓"清者自清",只要自己无愧于天地,面对是非时,何惧之有?

第四,耐烦恼不作苦语

有时候我们受了委屈、心中有了烦恼的时候,难免会有很多的苦水。但是,烦恼生起的时候,发牢骚、说气话都不见得有用。一个真正坚强的人,越是烦恼反而越安然;能将喜怒不形于色,不发于语,这才是真功夫! 孟子说:"枉己者,未有能直人者";只要对自己有坚强的信心,一定能得到肯定,就如草木经过了霜雪反而更茁壮。所以,面对烦恼时,要能耐得住,不作苦语。

黄庭坚说:"百战百胜,不如一忍;万言万当,不如一默。"这是说明发言得失的重要。所以我们平时要注意自己的言行,不要随便乱说话,在紧要时刻忍一下,自能免去无边忧患。

惜福

"福报"人人希求，所以每逢过年，只见家家户户门窗贴满了"春"与"福"，象征"春满乾坤福满门"，平时更是希望"五福临门"，朋友之间也莫不相互"祝福"，甚至期许"有福同享"。福，就是幸福、好运气的意思，一般人说"福气"，但是有"福"就有"气"，不如佛教讲"福报"来得究竟。不管是"福气"或"福报"，福不是求来的，而是修得的；享福之余，更要懂得惜福。关于"惜福"，有四点意见：

第一，昼行当惜阴

世间"一半一半"，白天一半，夜晚一半，如唐伯虎的《七十词》说："前十年幼少，后十年衰老；中间只有五十年，一半又在夜里过了。"在有限的岁月里，古人有"小寐如死""是日已过，命亦随减"的警句，都是教人当"惜时如命"。一个人纵使富甲天下，如果没有时间、生命来享用，也是徒然，所以，要爱惜时间。时间就是生命，浪费时间如同杀生，平时与人约会，能够守时，就是爱惜自他的时间，我们说"节省"，不但要节省金钱，更要节省时间。

第二，日用当惜福

日常生活所需用物，举凡一桌一椅、一杯一盘，乃至一针一线都不能随便破坏，甚至一滴水、一片菜叶都不能轻易浪费，因为东西能用时就有它的生命存在，你肆意毁坏，就是减短它的寿命，这也是杀生，更是浪费福报，所以日用当惜福。

第三，说话当惜言

论语说："一言以兴邦，一言以丧邦。"一句话讲得好，让人心生欢喜，就是舌灿莲花；说话不当，断人希望，无异杀人刀剑。所以孙子说："赠人益言，贵比黄金；伤人之言，恶如利刃。"佛教也主张"若能闭口深藏舌，便是修行第一方"，因为"言多必失""祸从口出"，因此说话要惜言。能够"口下留德"，更是做人很重要的修养。

第四，遇人当惜缘

俗语说："相逢即是有缘"，人与人相处，不管亲如眷属家人，或是朋友、同事，乃至偶然邂逅只有一面之缘的陌生人，我们都要珍惜当下的因缘，给人一句好话，一个微笑、一点帮助，懂得珍惜点点滴滴的因缘，这是处世的妙方。

福报如同银行里的存款，银行里有多少存款，就要爱惜它，不能随便滥用，不能只支不存，否则终有用完的一天。我们福田库里有多少福报，也要善自珍惜，能够惜福、培福，才会更有福报。